Nuestro Altísimo Llamado
Our Highest Calling

Llevando a los Demás a Cristo
A Través del Discipulado
En el Amor

Sang W. Sur, Ph.D., Th.D.

© 2020 Sang Sur

Published by Prayer Tents Media
Old Tappan, NJ

Todos los derechos reservados. Ninguna parte de este libro puede ser reproducida, almacenada en un sistema de recuperación, o transmitida de ninguna forma o por ningún medio (electrónico, mecánico, fotocopiado, grabación, escaneo u otro), excepto a través de citas breves en revisiones o artículos críticos, sin el permiso previo por escrito del editor.

Santa Biblia, Nueva Traducción Viviente, © 2008,2009 Tyndale House Foundation. Usado con permiso de Tyndale House Publishers, Inc., Carol Stream, IL 60188, Estados Unidos de América. Todos los derechos reservados. "TYNDALE ESPANOL," "Nueva Traducción Viviente," "NTV," y el logotipo de la Nueva Traducción Viviente son marcas de Tyndale House Publishers, Inc.

Our Highest Calling
ISBN 978-1-953167-00-2 (Hardcover, English)
ISBN 978-1-953167-07-1 (Softcover, English)
ISBN 978-1-953167-02-6 (Kindle e-book, English)
ISBN 978-1-953167-04-0 (Other e-book, English)
ISBN 978-1-953167-03-3 (Hardcover, Korean)
ISBN 978-1-953167-08-8 (Softcover, Korean)
ISBN 978-1-953167-09-5 (Other e-book, Korean)
ISBN: 978-1-953167-20-0 (Hardcover, Spanish)
ISBN: 978-1-953167-21-7 (Other e-book, Spanish)

The Study Guide:
ISBN 978-1-953167-18-7 (Study Guide, English)
ISBN 978-1-953167-19-4 (Study Guide, Korean)

Library of Congress Control Number: 2020942011

Dedicación

Gracias, Jesús.

A mis hijos:

Samuel, que seas el líder del pueblo de Dios, el que escucha de Dios, y un consejero para los reyes más poderosos.

Ester, que seas la amante de Dios, la que es compasiva, y una intercesora que lleve a muchos hacia el Señor.

A mi esposa:

Jihyung, mi vida nunca habría sido la misma sin ti. Gracias por permitirme ir tras el llamado de Jesús y apoyarme y animarme a través de todo durante ya casi la mitad de nuestras vidas. te amo. Terminemos juntos el llamado de Dios.

A todos los que buscan a Dios, ya sea hoy o en algún momento durante su vida, que encuentren a Cristo a través de la vida de los Cristianos que les rodean.

Reconocimientos

Gracias, hermanos CBMC en Nueva York, Nueva Jersey y Long Island por enseñarme la verdadera comunión. Tal amor no puede ser recibido desde ningún otro lugar.

Gracias a todos los mentores en mi camino, incluyendo:

El pastor y abogado Sam Hwang, quien ejemplificó el liderazgo cristiano en los mercados;

La Dra. SueLee Jin, mi mentora del Doctorado en El Ministerio (D. Min) que oró y me animó mucho más allá de mi graduación; Y

El Dr. Tae Moon Park, mi mentor del Doctorado en Teología (Th.D.), quien me hizo profundizar en los aspectos teológicos del discipulado.

Y a todos los amigos que me han mostrado amor sin medida a lo largo de los años.

Gracias a los que ayudaron con la traducción al español.

Richard Aguirre, un verdadero amigo y hermano en Cristo, por su aliento para alentarme a realizar esta traducción y mantenerse al tanto de ella hasta su finalización. Esta versión en español no existiría sin tu ayuda.

Prólogo

Este es el mensaje que ustedes han oído desde el principio: que nos amemos unos a otros.

1 Juan 3:11

Durante mis últimos años en el ministerio he podido apreciar muchas cosas en el contexto de la Iglesia. Por ejemplo, cómo ha podido la Iglesia prevalecer aun sobre las mayores tempestades a medida que los tiempos han cambiado. La base de la Iglesia ha sido siempre su fe en Dios y el llevar a cabo la obra que Jesús le ha encomendado.

El formato de la Iglesia que se ha manifestado por muchos años ha sido el mismo, tanto así que, a través del tiempo, se ha conformado a ser una Iglesia conservadora. El mejor concepto que podría mencionar sobre una Iglesia conservadora no es solamente la forma de como vestir, o la manera como se conducen los cultos de adoración, menos aún los cánticos que los adoradores traen a los cultos. Una Iglesia conservadora es aquella que mantiene la sana doctrina, que está dispuesta a batallar por la defensa del verdadero evangelio establecido por la doctrina de las Escrituras. La sana doctrina declara que Jesús sana, que Jesús salva y que Jesús viene otra vez. También declara el amor de Dios a la humanidad y el amor de unos hacia otros.

En cierta ocasión fui invitado a una charla con ciertos hermanos líderes de una Iglesia en la ciudad de Nueva York. Aunque aparentemente nos veíamos iguales y hablábamos inclusive el mismo lenguaje, no había una atmósfera muy amigable. Nuestro tema era la Iglesia, su crecimiento, su desarrollo y su liderazgo. Lamentablemente no podíamos estar de acuerdo en los puntos antes mencionados. Las preguntas claves que me llevaron a una conclusión teológica y visionaria fueron: ¿Cuál era mi concepto de una Iglesia conservadora y como se podía desarrollar un crecimiento de número de personas en dicha Iglesia?

Fue en aquel momento que entendí que mi visión de la Iglesia no era igual a la de ellos simplemente porque ahora yo tenía un nuevo entendimiento de la iglesia adquirido gracias a este libro y a través de la confirmación de las Escrituras. La respuesta para mí era sencilla y clara. El conocer más profundamente a los líderes por medio de un grupo pequeño y por ende conocer mejor el liderazgo, la visión y los problemas internos del grupo. Finalmente pude añadir, con mucha sinceridad, que mi deseo más grande seria que cada individuo líder de la Iglesia conociera y aplicara junto conmigo el objetivo de "Nuestro Altísimo Llamado." La gente todavía no conoce el objetivo de "Nuestro Altísimo Llamado." Esto nos llevaría a defender la sana doctrina y llegar a cumplir la meta de la Gran Comisión.

Muchas Iglesias se concentran más en el número de personas que atienden a la Iglesia sin entender que muchos de ellos pueden entrar y salir por las puertas sin realmente conocer a Jesús. Por consiguiente, encontramos como respuesta la necesidad de establecer grupos pequeños. Para este entonces yo había leído el libro "Our Highest Calling" del Dr. Sang Sur y había sido influenciado por sus páginas, las cuales habrían de cambiar mi manera de desarrollar el ministerio. Es el hecho de reconocer la importancia de los grupos pequeños y su desarrollo lo que nos lleva a la conclusión de como podemos alcanzar "Nuestro Altísimo Llamado."

Siempre me ha gustado predicar sobre el amor y el concepto del amor de Dios por nosotros. Un buen predicador me comentó en una ocasión que yo era muy bueno hablando del amor y que sería inclusive mejor si me concentrara en ese tema. El hablar del amor, y más aún, el entender el amor entre Dios y los humanos puede ser fácil. Sin embargo, es más difícil el vivir el amor entre personas como se debería de hacer en un grupo pequeño. Conlleva mucho esfuerzo y en ocasiones puede ser muy arduo y complicado amar a los demás. Es riesgoso el compartirlo con otros compañeros e incluso a veces podría parecer que nuestros intentos no llevan más que al fracaso, ya que podemos invertir mucho tiempo y esfuerzo en un grupo pequeño y no ver resultados por algún tiempo.

Aprendí a reconocer de dónde proviene este "Altísimo Llamado" a través del libro del Dr. Sang. Esta explicado en las Escrituras y ejemplificado por su Hijo Jesucristo. Jesús es el ejemplo más grande que tenemos del amor de Dios por su creación. Es por Jesús que podemos encontrar la gran manifestación del poder de un grupo pequeño de hombres que fueron transformados por el Espíritu Santo, y su amor creció a un nivel sobrenatural gracias a lo que aprendieron de Jesús. Es debido a esta forma de amor que vivieron con el divino maestro y experimentaron juntos como discípulos que tuvieron el enorme deseo de salir de Jerusalén y transformar el mundo entero.

En este libro pude encontrar los principios, las fallas y las estrategias experimentadas a través de la Historia de la Iglesia que nos esbozan las acciones necesarias para tener éxito en los grupos pequeños. Encontré por qué se la necesita invertir tiempo compartiendo nuestra fe, problemas y necesidades espirituales con otros hermanos y compañeros cristianos como no cristianos. El amor es una herramienta poderosa para evangelizar.

He aprendido por medio de las páginas de este libro, pero aún más compartiendo estos últimos meses con el Dr. Sang Sur y nuestro grupo pequeño. No solo hemos podido compartir momentos alegres y sociales, sino que además, hemos logrado una intimidad necesaria para mi crecimiento y fortaleza espiritual durante esta pandemia. Durante este tiempo, nosotros y otros hermanos hemos podido descubrir nuestras capacidades y debilidades, llegando a establecer una relaciónn muy íntima y profunda con un grupo de hombres de diferentes tipos de negocios y culturas.

Siento un gran gozo en mi corazón al tener bien clara mi posición como alguien que ahora conoce más sobre el concepto y los efectos positivos de ser parte de un grupo pequeño y del por qué la necesidad de realizar cambios a la Iglesia y el mundo basándonos en la importancia y el valor de los grupos pequeños.

Sang, muchas gracias por escribir este libro, donde se ha depositado sabiduría divina para llegar al corazón de hombres como yo, que necesitaban reconocer la necesidad de este estilo de evangelismo y amor que sobrepasa todo entendimiento.

Espero que el lector pueda disfrutar este libro y reconocer "Nuestro Altísimo Llamado" en el Señor hasta llegar a un nivel de crecimiento espiritual donde, unidos, podríamos expandir la visión de la Iglesia como líderes saludables. Mi deseo es que crezcan a un mayor nivel de espiritualidad y relación íntima con Dios y con los demás a través de un grupo pequeño de lideres."

Queridos hijos, que nuestro amor no quede solo en palabras; mostremos la verdad por medio de nuestras acciones. Nuestras acciones demostrarán que pertenecemos a la verdad, entonces estaremos confiados cuando estemos delante de Dios. Aun si nos sentimos culpables, Dios es superior a nuestros sentimientos y él lo sabe todo.

1 Juan 3:18-20

Richard Aguirre Alomia
Remnant Church, Outreach Pastor
Harvest in the City Ministry

Contenido

Llevando a las Personas a Cristo 1

La Gran Comisión 7
    Evangelismo, Misiones y Discipulado de los Discípulos de Jesús 8
    El Llamado a Hacer Discípulos 11
    El Significado del Discipulado 13
        Es el Llamamiento Colectivo de todos los creyentes de la Iglesia de Jesucristo 15
        Es el Llamado a ir Tras los Que No Conocen a Dios 16
        Debemos Hacer Discípulos Mientras Vamos, Bautizamos Y Enseñamos. 18
        Debemos Proteger Nuestra Fe Y Transmitirla 24
        Debemos Confiar en Dios. 25
    La Gran Comisión y Jesús/Discípulos Haciendo Discipulado 26

Las Buenas Nuevas, Explicadas 29
    El Discipulado Requiere Relaciones que Dependen del Alumno 37

Cómo Jesús y Sus Discípulos Hicieron Otros Discípulos 43
    Cómo Hizo Jesús el Discipulado 43
    Cómo Hicieron el Discipulado los Discípulos de Jesús 46
    El Evangelio y la Intercesión de los Creyentes 49

Historia del Evangelio, Evangelismo y Misiones 53

    La Gran Comisión tal como se muestra en las Escrituras 54

    El verdadero mensaje del Evangelio que Jesús y sus discípulos enseñaron 55

    La Gran Comisión como se muestra en el primer milenio 57

    Cómo se entendió el Evangelio hasta la Reforma Protestante 60

    La Gran Comisión en el Segundo Milenio 64

    Estado de la Gran Comisión Actualmente 66

    Método de discipulado de John Wesley: reuniones en case 70

Estrategias Efectivas para el Evangelismo 77

    El llamado de Jesús a hacer discípulos 79

    Fervorosas Reuniones de Oración en Grupos Pequeños que Cambiaron el Mundo 81

    Movimiento para grupos pequeños fuera de las estructuras de la Iglesia Moderna - Modalidades y Sodalidades 89

    Contextualización: entender a las personas donde están y hablar de una manera que puedan comprender 93

    Uso de modelos de negocio para alcanzar los menos accesibles 100

    Teología de la contextualización 104

    Grupos Pequeños basados en intereses 111

    La confianza en el Espíritu Santo para hacer cosas poderosas a través de grupos pequeños 114

Nuestro Altísimo Llamado es el Amor 117

    ¿Cómo debería ser un grupo pequeño? 120

    Un experimento, para ver lo que una persona sin iglesia que busca a Dios podría experimentar 121

    2 Pedro 1:5–9: Nuestro llamamiento más alto es el amor 124

        Fe 127

        Excelencia Moral 129

        Conocimiento 130

    Autocontrol 132

    Paciencia 133

    Santidad 134

    Amor, Amor Fraternal 137

    Amor—El Amor Ágape 140

El Estado de la Iglesia Hoy 142

1 Juan 4:7–8: Dios es Amor 144

1 Corintios 13: Amor en la práctica 146

    El amor es paciente (v. 4) 149

    El amor es bondadoso. (v. 4) 150

    El amor no es celoso ni fanfarrón ni orgulloso. (v. 4) 153

    El amor no es ofensivo, no exige que las cosas se hagan a su manera. (v. 5) 157

    No se irrita y no lleva un registro de las ofensas recibidas. (v. 5) 158

    No se alegra de la injusticia, sino que se alegra cuando la verdad triunfa. (v. 6) 160

    El amor nunca se da por vencido, jamás pierde la fe, siempre tiene esperanzas y se mantiene firme en toda circunstancia. (v. 7) 162

    Dios es amor, y nos llama a representarlo 163

Ser un Discípulo para Hacer Discípulos **165**

    Estructura básica de un grupo pequeño 166

        Estructura Fundacional 1: Compromiso individual con el crecimiento y el compartir la vida, ¡aunque las visitas también son bienvenidas! . 167

        Estructura Fundacional 2: Proximidad y Encuentro en Persona 168

        Estructura Fundacional 3: Semejanza en el estilo de vida y en la persecución 172

        Estructura Fundacional 4: Reuniones Frecuentes a lo largo del Tiempo— En Grupos y como Individuos 178

    ¿Cuáles son los resultados que se pueden esperar en una reunión de grupo pequeño? 179

¿Qué se debe hacer en las reuniones para grupos pequeños?.................. 181

¿Dónde debemos reunirnos los grupos pequeños?...................... 182

Características de los grupos pequeños fuertes............................ 182

Contenido posible para reuniones de grupos pequeños......................... 187

La importancia de comer juntos (¡Un ministerio de alimentación!) 190

¿Cómo encaja el evangelismo del poder en el discipulado de grupos pequeños?.. 192

La duración adecuada de las reuniones para grupos pequeños 195

Grupos pequeños especiales—Familia................................ 197

¿A cuántos grupos pequeños debo unirme?........................... 197

Asuntos Administrativos: ¿Cuándo debo iniciar un nuevo grupo pequeño? ¿Cuándo debemos disolver nuestro grupo pequeño? ¿Cómo nos dividimos?... 198

Lo que no es un grupo pequeño.. 200

Cómo evangelizar... 202

El papel de los pastores en los grupos pequeños 203

El objetivo de cada reunión 208

Conclusión 211

Notas Finales 215

Prefacio

Llevando a las Personas a Cristo

En escritos anteriores mencioné que llevar a las masas a Cristo es una función de reyes. Si usted recibe el llamado específico a los mercados, como profesional o propietario de un negocio, este llamado le pertenece a usted, no a los líderes de las iglesias locales.

En la Iglesia, los Cristianos han dejado de preguntarse cómo podemos llevar a las personas a Cristo. Esto puede deberse a la falta de resultados de intentos pasados o a que no conocen completamente la gracia salvadora del Evangelio. Como resultado, las iglesias locales se han convertido en un lugar para que las personas satisfagan sus anhelos espirituales personales, y en las cuales las personas tienden a perder el interés después de algún tiempo. Los líderes locales de la iglesia parecen centrarse en una mayor adoración, sermones y otras actividades administrativas, al tiempo que descuidan el llamado de la Gran Comisión.

El cumplir la Gran Comisión tiene que ver con el cumplimiento del Mandamiento Más Grande, que es amar a Dios y a los demás. Mi objetivo en este libro es guiarlo a través de la Gran Comisión y ayudarle a hacer la conexión de cómo la historia puede haber distorsionado nuestra comprensión de cómo cumplirla. Luego hablaremos sobre el mandato bíblico y las prácticas de Jesús y Sus discípulos. Por último, reflexionaremos sobre cómo podemos poner en práctica nuestros hallazgos. Como Cristianos, estamos llamados a ser la sal y la luz del mundo. Pidamos al Espíritu Santo una visión y la transformación de nuestros corazones y mentes a medida que nos guía a través del camino.

Por consiguiente, este libro se presenta en siete secciones.

La primera sección explica lo que dice la Gran Comisión, o lo que significa el hacer discípulos.

La segunda sección explica lo que dice el Evangelio, ya que todavía hay percepciones erróneas de las Buenas Nuevas

La tercera sección proporciona ejemplos de discipulado bíblico en las que podemos reflexionar para luego seguirlas.

La cuarta sección explica cómo evolucionó la Iglesia en la historia para llegar a ser lo que es hoy en día. La intención es construir un caso sobre cómo los servicios eclesiásticos que tenemos hoy en día podrían estar proporcionando únicamente una ilusión de que estamos haciendo lo correcto según Dios, mientras que, en realidad, puede ser una tendencia cultural defectuosa que ha persistido a través del tiempo. Basándonos en nuestras experiencias actuales, es posible que no sepamos realmente cómo debe operar la Iglesia.

La quinta sección relata grandes renacimientos Cristianos que ocurrieron a lo largo de la historia donde se compartió el Evangelio; esto también se conoce como misiones globales. Esto es lo que verdaderamente transformó el mundo e hizo que se conociera a Cristo. Todos los renacimientos ocurrieron a través de pequeños grupos de creyentes que se unieron y confiaron en Dios. Estamos listos para otro gran renacimiento, pero requerimos hacer cambios en nuestras formas de pensar y practicar.

La sexta sección explica la mayor y más alta vocación para los Cristianos. A diferencia de la disciplina de asistir a los servicios y leer las Escrituras cada día, hay un llamamiento mayor que es mucho más difícil y requiere el empoderamiento de Dios, y eso es el amor.

Por último, la séptima sección trata de proporcionar una forma práctica de vivir una vida de discipulado que pueda ocurrir dentro de las iglesias locales (modalidad) y fuera de ella (sodalidad).

Durante mis estudios de doctorado, comparé la capacidad de traer a otros a Cristo a través de dos pequeños grupos. Uno fue una reunión de hombres de negocios Cristianos que se conocían de hacía mucho tiempo, y otro fue un grupo pequeño de pastores y líderes de la iglesia que se formó rápidamente. Hubo dos hallazgos clave:

1. Las personas que están en los mercados están mejor orientadas a llegar a las personas que no conocen a Cristo. Lo hacen por contacto con otras personas en el mundo, ya sean empleados, proveedores, vendedores, socios o incluso clientes.
2. La duración de las relaciones preexistentes, o la profundidad desarrollada como resultado, atrae a personas que no creen en Jesús. No hace falta decir que el 50 por ciento de los autoproclamados no Cristianos que participaron en el estudio continuaron reuniéndose con el grupo de empresarios Cristianos incluso después de que el estudio de seis semanas hubo terminado. Una persona en particular criticó a su amigo que lo invitó, diciendo: "Si el grupo al que me invitas lleva una guitarra y exige que yo cante, voy a romper esa guitarra." El continuó asistiendo a las reuniones mucho después de que terminó el estudio, e incluso pagó la cena de todos en una de las reuniones de grupos pequeños. De hecho, al final del estudio, durante un informe, exclamó: "Si la iglesia fuera así todavía estaría asistiendo a ella." Las relaciones continuas y

profundas son las que permiten a las personas ver a Jesús, y eso es en lo que los Cristianos deben concentrarse.

Como guía para el resto de la lectura, me gustaría presentar y explicar algunos términos que voy a utilizar.

Aún No-Cristianos. No me siento cómodo refiriéndome a las personas que no creen en Cristo como no-Cristianos. El prefijo "no" puede interpretarse como un absoluto, y los lectores u oyentes podrían sentir que esas personas, que también son amadas por Dios, están irremediablemente perdidas. Más bien, el término *aún no-Cristiano* se refiere a la esperanza de que aquellos que aún no creen en Jesús pronto lo harán. También se refiere a la verdad de que, independientemente de su fe actual, todas las personas vendrán a inclinarse ante Jesús, reconociéndole como Señor (Filipenses 2:9–11).

Iglesia e Iglesias Locales. En este libro y en otros de mis escritos, hago una distinción entre las dos. Utilizo mayúscula en la palabra Iglesia cuando se refiere al cuerpo colectivo de Jesucristo. Por ejemplo, la Iglesia está llamada al discipulado. Esto se refiere a todos los Cristianos en el mundo, incluyendo aquellos que deben adorar en secreto o escondidos debido a razones políticas, y a todos los que dicen amar a Dios. Cuando la palabra iglesia se deja en minúsculas, se refiere a las iglesias locales. La colección de todas las iglesias locales forma la Iglesia global.

A medida que lea, si hay citas o puntos que le interesen, o si tiene cualquier pregunta, únase a nosotros en **ourhighestcalling.com** para compartirlos. Allí se unirá con otros compañeros lectores, el personal de Prayer Tents y el autor, en la exploración de temas relacionados. Deje que su curiosidad crezca y que el Espíritu Santo guíe su corazón.

Y ahora, comencemos el camino revisando el mensaje y el llamamiento de la Gran Comisión y cómo nos conecta con nuestro llamamiento más importante.

Capítulo Uno

La Gran Comisión

Por lo tanto, vayan y hagan discípulos de todas las naciones, bautizándolos en el nombre del Padre y del Hijo y del Espíritu Santo. Enseñen a los nuevos discípulos a obedecer todos los mandatos que les he dado. Y tengan por seguro esto: que estoy con ustedes siempre, hasta el fin de los tiempos.

Matthew 28:19–20

La Gran Comisión no nos dice que evangelicemos, al menos no en la forma en que los Cristianos modernos entienden el evangelismo. Jesús llama a cada iglesia local a tender la mano a sus vecinos que no conocen a Cristo; eso es lo que significa *evangelizar*. Debemos vivir juntos, con las personas, aun en donde los cuerpos locales de Cristo no existan; eso es lo que se entiende por *misiones*. No estamos llamados a lograrlo repartiendo panfletos, invitando a las personas a venir a la iglesia y sentarse a servir, sino discipulándolas con el tiempo, construyendo relaciones más profundas entre sí y ayudándolas a hacer lo mismo con Dios; esto se llama *discipulado*. Esto apunta a un estilo de vida, a pasar tiempo con los demás, o vivir la vida juntos.

Evangelismo, misiones y discipulado van de la mano, tanto en la llamada local como en la global, dirigida a todos los Cristianos, la Iglesia de Jesucristo. Esto incluye los organismos locales en los que los Cristianos están involucrados (llamados *iglesias locales*), así como todos los creyentes en Cristo en todo el mundo, en conjunto (la *Iglesia*). Todos los Cristianos están llamados a dar a conocer el Evangelio, y esto no puede ocurrir sin una comprensión y un empujón intencional hacia estos tres componentes.

> *El evangelismo, las misiones y el discipulado van de la mano, tanto en la llamada local como en la global, dirigida a todos los Cristianos.*

La reducción de la asistencia a nuestras iglesias y su incertidumbre sobre cómo conectar con sus vecinos hoy, muestra que los Cristianos están fallando en los tres aspectos de la Gran Comisión, es decir, en la evangelización, las misiones y el discipulado.

Evangelismo, Misiones y Discipulado de los Discípulos de Jesús

Después de la resurrección de Jesús, el Espíritu Santo vino a Jerusalén para llevar a cabo un gran renacimiento. Este mismo gran poder llegó a Estados Unidos, Corea e incluso algunos países europeos,

> *Todos los Cristianos están llamados a dar a conocer el Evangelio.*

donde la mayoría de la gente se volvió a Dios en arrepentimiento. ¿Qué le ha pasado a este poder? La Gran Comisión que Jesús dejó a Su Iglesia no se ha mantenido. En Mateo 28:18–20, comandó a todos Sus discípulos a que hicieran otros discípulos.

Incluso cuando Jesús comenzó Su ministerio, buscó discípulos y Se centró en su formación y en enviarlos por el mundo. Después completó Su misión, que era morir en la cruz por los pecados de toda la humanidad. Después de Su resurrección, completando Su misión de superar el pecado y la muerte, no se fue inmediatamente. Pasó cuarenta días en la tierra con Sus discípulos (Hechos 1:1–11). Jesús dejó a Sus discípulos la Gran Comisión, una directiva para hacer discípulos, y una promesa de que siempre estaría con ellos (Mateo 28:19–20).

Lo primero que hicieron los discípulos después de recibir esta directiva fue orar, aferrándose a la promesa que Jesús les había dado (Hechos 1:8, 14). Diez días después de la oración, el día que llamamos Pentecostés, el Espíritu Santo vino en forma de fuego. Los componentes clave del discipulado son declarar el evangelio de la cruz, la oración ferviente, el poder del Espíritu Santo y la Palabra de Dios (Hechos 2; Hechos 6:4; 1 Timoteo 4:5). El apóstol Pedro se dirigió a la multitud que se reunió el día de Pentecostés, realizando milagros y declarando el Evangelio. El resultado fue que alrededor de tres mil personas se volvieron a Dios en arrepentimiento, comenzando lo que hoy llamamos Iglesia (Hechos 2:41). La Iglesia consistía en varios pequeños grupos de discípulos de Jesús que se unieron. Había una comunión íntima dentro de estos pequeños grupos mientras los creyentes comían, estudiaban la Palabra de Dios y oraban juntos (Hechos 2:42).

Muchos líderes Cristianos a menudo señalan a la Gran Comisión para alentar a los Cristianos a (1) salir y (2) evangelizar, o contarle a la gente acerca del Evangelio. Hay dos problemas con esta forma de pensar:

1. La Gran Comisión no nos dice que *vayamos y empecemos* algo nuevo, sino que lo vivamos *continuamente*.
2. La Gran Comisión no nos dice que evangelicemos.

No hay palabras en la Gran Comisión que utilicen la raíz griega εὐαγγελίζω (*euangelizo*), que se refiere a traer la Buena Nueva, enseñándola.[1] La palabra εὐαγγέλιον (*euangelion*), en realidad significa "el Evangelio" o "la Buena Nueva." *Evangelizar* significa traer esa Buena Nueva, o predicarla, tal como se indica en Marcos 16:15.

La palabra *misiones* proviene de la palabra latina *missio*, que proviene de la palabra griega *apostello*, que significa "enviar."[2] La misión Cristiana es hacer planes intencionalmente y enviar (o ser enviado) a un reino diferente, a un pueblo diferente y a un lugar fuera de las zonas de confort normales para llevar (o predicar) el Evangelio. Esta es una extensión de la Gran Comisión, en la que Jesús nos mandó ir a todas las naciones (pueblos).

Podría parecer que el evangelismo y las misiones es todo lo que se requiere, pero falta un componente clave. Si la enseñanza, especialmente a nivel internacional, es todo lo que se necesita, ¿por qué es necesario enviar a los Cristianos? En nuestros días, ciertamente tenemos métodos para llevar la enseñanza a través de la tecnología sin estar físicamente presentes.

> *Si la enseñanza es todo lo que se necesita, ¿por qué es necesario enviar a los Cristianos?*

Desde el principio de los tiempos, Dios planeó que Su pueblo, llamado Iglesia, debía ser una comunidad, un pueblo de Dios, unificado por Su liderazgo. De la misma manera, incluso cuando a las personas se les enseña a través de las últimas tecnologías, no aprenderán ni podrán llegar a la fe que perdura con el tiempo. Más bien, el verdadero aprendizaje y la capacidad de creer ocurren *con el tiempo* y a través de otros, en la comunidad.

Además, la fe se desarrolla con el tiempo. Esto es particularmente cierto cuando uno ha mantenido una cierta creencia durante mucho tiempo, como que Dios no existe, que Dios es un Dios judío y Jesús es sólo un hombre, o que Dios es un Dios musulmán y Jesús es sólo otro profeta menor. Dios ciertamente

> *La fe se desarrolla con el tiempo... Tomará tiempo para que alguien crea plenamente.*

puede hacer milagros, y nunca debemos limitar lo que Dios puede hacer, pero de acuerdo con Sus principios, tomará tiempo para que alguien crea plenamente. Esta es, en realidad, la historia de Abraham, José, Moisés y otros grandes héroes de fe en la Biblia.

¿Cuál es el término que connota dar a las personas un ambiente en el que puedan aprender con el tiempo, entre otros a quienes conocen y respetan? Discipulado. El discipulado significa vivir la vida juntos. Uno no puede ser eficaz en el trabajo misional yendo una semana al año a alguna tierra extranjera para predicar el Evangelio, porque habría poco aspecto relacional (ciertamente es mejor que enviar un video o estar allí por unas pocas horas, por supuesto). La verdadera misión requiere un evangelismo efectivo que ocurre a través del discipulado donde las vidas se viven junto con los nuevos pueblos. Esta es la razón por la que el último mandamiento de Jesús antes de salir de la tierra fue hacer discípulos. Fue sólo después de dejar eso en claro que agregó que *hacer discípulos* incluye ir, bautizar y enseñar, pero eso es sólo en el contexto de las relaciones formadas por medio del discipulado. El discipulado que Jesús modeló y enseñó se basa en experiencias de vida a lo largo del tiempo. No se parece a nuestro sistema educativo actual, ni cómo se ven nuestras iglesias hoy en día

El Llamado a Hacer Discípulos

La Comisión que Jesús dio a todos los Cristianos es hacer discípulos de todas las personas que no lo conocen. En medio de la ajetreada vida de en este mundo, los Cristianos deben ponerse a disposición para que puedan discipular a cualquiera que busque conocer a Dios. La

> *La verdadera misión requiere un evangelismo eficaz que ocurre a través del discipulado.*

disponibilidad es clave en construir el tipo de relaciones de discipulado que se necesitan en el evangelismo y las misiones.

La Gran Comisión registrada en Mateo 28:19–20 incluye la necesidad de que la Iglesia opere colectivamente para llegar a los perdidos. El único imperativo es hacer *discípulos* como Cristianos, bautizando y enseñando para ese propósito. A través de todo esto, debemos proteger nuestra fe y tomar riesgos con fe en Dios.

> *La disponibilidad es clave en la construcción de las relaciones de tipo discipulado que se necesitan en el evangelismo y las misiones.*

Es importante que los Cristianos entiendan que Dios se dirigía a los seres humanos cuando vino a la tierra como un hombre para hacer el sacrificio expiatorio. Su propósito final no era únicamente eliminar el pecado, sino más bien reconstruir esa relación que se rompió a causa del pecado. El Evangelio es la buena noticia de que Dios es ahora Immanuel, Dios con nosotros, y que podemos caminar con Él como Sus discípulos. El perdón del pecado no era el propósito final, sino más bien una necesidad para lograr Sus mayores propósitos

Durante Su tiempo en la tierra, Jesús demostró cómo hacer discípulos antes de asignarnos las mismas tareas. Su impacto del discipulado se puede ver en todo el Nuevo Testamento. Además, se muestra que los discípulos de Jesús, también llamados más tarde los apóstoles, lideraron pequeños grupos de pequeños grupos, lo que finalmente llevó a esos pequeños grupos a unirse, formando iglesias locales.

Jesús manda a Sus seguidores a que hagan discípulos a medida que van, bautizan y enseñan. Esto sólo puede ocurrir a través de relaciones estrechas. Los Cristianos deben ponerse a disposición, y la Iglesia debe hacer de esto una práctica en aras de cumplir la llamada que Jesús ha dado colectivamente a todos los creyentes. Esto puede parecer difícil o incluso imposible para algunos, pero Dios hace que todas las cosas sean posibles cuando confiamos en Él.

La comprensión y ejecución de Mateo 28:19–20 es fundamental para el estudio de cómo nosotros, la Iglesia, podemos mejorar en nuestra capacidad de llevar a las personas a Cristo, es decir, de hacer discípulos. *La relación* y la *disponibilidad* de los Cristianos es la clave para demostrar el amor de Dios a los demás.

El Significado del Discipulado

Mateo 28:19–20 es el pasaje final del libro de Mateo, donde Jesús reunió a Sus discípulos cercanos para dar a la Gran Comisión antes de Su ascensión. Mateo, autor del libro, muestra sus puntos de vista teológicos haciendo más hincapié en la Gran Comisión que los otros escritores evangélicos. Resume la meta y el propósito de Dios, que es hacer discípulos.

Esta promesa y ejecución de la Gran Comisión comienza desde el día de Pentecostés, cuando el Espíritu Santo fue derramado sobre los discípulos de Jesús (Hechos 2:1–4). A partir de aquí, comenzó el movimiento mundial del discipulado.

La palabra *discípulo* proviene de la raíz griega μάθετης, *(mathates)*, que significa aprender o poner en el corazón (como ejemplo, véase Hechos 23:27). Ser discípulo también significa aprender de la experiencia (véase Hebreos 5:8). Una palabra griega con diferente verbo es μανθάνω, *(manthano)*. Tiene el significado de que un discípulo aprende del maestro, el que discipula al discípulo, convirtiéndose en esa persona.

En los cuatro Evangelios, los doce que siguieron a Jesús fueron llamados discípulos. Además, José de Arimatea, el que enterró a Jesús, también es considerado discípulo (Mateo 27:57–60). Aunque los discípulos cercanos llegaron a ser llamados apóstoles, otros creyentes fueron llamados hermanos, creyentes o santos, mientras que los creyentes recién convertidos fueron llamados discípulos (véase Hechos 9:1; Hechos 13:52; Hechos 14:20).[3] Pablo (Hechos 9:26) y Timoteo (Hechos 16:1) también fueron llamados discípulos. Los creyentes fueron llamados Cristianos después de que se estableciera la iglesia de Antioquía (Hechos 11:26).[4]

Examinemos los versículos 19–20 con mayor detalle:

> πορευθέντες οὖν μαθητεύσατε πάντα τὰ ἔθνη, βαπτίζοντες αὐτοὺς εἰς τὸ ὄνομα τοῦ πατρὸς καὶ τοῦ υἱοῦ καὶ τοῦ ἁγίου πνεύματος, διδάσκοντες αὐτοὺς τηρεῖν πάντα ὅσα ἐνετειλάμην ὑμῖν· καὶ ἰδοὺ ἐγὼ μεθ' ὑμῶν εἰμι πάσας τὰς ἡμέρας ἕως τῆς συντελείας τοῦ αἰῶνος.

> *Por lo tanto, vayan y hagan discípulos de todas las naciones, bautizándolos en el nombre del Padre y del Hijo y del Espíritu Santo. Enseñen a los nuevos discípulos a obedecer todos los mandatos que les he dado. Y tengan por seguro esto: que estoy con ustedes siempre, hasta el fin de los tiempos».*

Mateo 28:19–20

Hay varios aspectos para tener en cuenta con respecto a la Gran Comisión:

- Es el llamamiento colectivo de todos los creyentes, que es la Iglesia, o el cuerpo de Jesucristo.

- Es el llamado a perseguir a los que no conocen a Dios.

- Debemos hacer discípulos a medida que vamos, bautizamos y enseñamos.

- Debemos proteger nuestra fe y transmitirla.
- Debemos confiar en Dios.

Es el Llamamiento Colectivo de todos los creyentes de la Iglesia de Jesucristo

Ἁγίου ἁ ύματος (*hagiou pnevmatos*) (v. 19)—Espíritu Santo. La palabra *santo* (ἁγίου) está escrita en plural, significando "santos".[5] Podemos interpretar el *Espíritu Santo* como "el Espíritu de los santos colectivos" o "el Espíritu de los Santos." Esto, entonces, significa que Dios está detrás de nosotros, los santos, para trabajar juntos por Su llamamiento. No es un Espíritu que únicamente trabaja en cada uno de *nosotros* individualmente, sino que trabaja en nosotros *colectivamente* como la Iglesia.

Tenga en cuenta que esta Comisión también fue dada a los discípulos de Jesús cuando se reunieron (véase Mateo 28:16). Además, esta Comisión nos dice que bauticemos a las personas en la comunión del Padre, del Hijo y del Espíritu Santo. Este pasaje es una comisión que se da a los seguidores de Jesús, la Iglesia, para que la cumplan. No es a los individuos, sino a una comunión de creyentes.

El nombre del Padre y del Hijo y del Espíritu Santo apunta a la unidad de Dios, el Dios tres en uno. Implica que Su poder estará con los creyentes, o unido a ellos, rescatándolos de cualquier necesidad. Cuando una persona llega a la fe en Cristo, el Dios tres en uno, Su amor y poder vienen sobre esa persona (véase Mateo 3:16–17).

El versículo, entonces, se puede leer de esta manera: "Nosotros, la Iglesia de Jesucristo, el pueblo colectivo de todas las iglesias locales, debemos actuar juntos para tender la mano a los demás que nos rodean." El

> *El llamado de la Gran Comisión es que operen juntos para llegar al mundo.*

llamado de la Gran Comisión es que operen juntos para llegar al mundo (Mateo 24:14).

Es el Llamado a ir Tras los Que No Conocen a Dios.

τὰ ἔθνη (*ta ethni*) (v. 19) significa "la nación, el pueblo, los gentiles"[6]. Esta misma palabra en el NIV se traduce como "paganos." en Mateo 6:32 Romanos 15:10–11 les llama gentiles. Esto significa claramente que los Cristianos deben enfocar el Evangelio en personas que no conocen a Dios en lugar de convertirse en iglesias que sólo se centran internamente en sus congregaciones.

La palabra para "todas las naciones" es la misma palabra utilizada en Mateo 25:32, donde todas las personas habrían tenido la oportunidad de escuchar y tenían la capacidad de tomar la decisión de seguir o rechazar a Jesús como su Señor.

En el Antiguo Testamento, el pueblo de Israel era el pueblo escogido de Dios. Incluso Jesús siguió su ejemplo y dijo a Sus discípulos que fueran tras las ovejas perdidas de Israel (Mateo 10:5–6; 15:24). Sin embargo, después de que Jesús venció el pecado y la muerte, hizo un camino directo a Dios, sin un muro velado. Como resultado, Jesús abrió el camino a la salvación para todos. Ahora, tanto los judíos como los no judíos son aceptables para Dios debido a lo que Jesús ha completado (Romanos 3:22; Gálatas 3:29).

En nuestra iglesia moderna, el enfoque se ha centrado en los miembros creyentes actuales. Esto es ciertamente algo necesario; sin embargo, si no hay esfuerzo para conectarse con vecinos de otras religiones, entonces la iglesia se reducirá efectivamente debido al desgaste, o deberá ser sostenida por transferencias de otras iglesias. Esto significa que, si las iglesias simplemente se quedan solas sin más crecimiento, sólo pueden perder membresías o tener la ilusión de números sostenidos debido a las personas que vienen de otras iglesias. Las iglesias locales que ganan miembros, que son miembros descontentos de otras iglesias, o incluso de las divisiones de la iglesia, podrían regocijarse por su aparente aumento de membresías, pero en el cuerpo de Cristo esto no es crecimiento, y a menudo es algo que hay que lamentar. Esta es la imagen de las iglesias que no miran hacia afuera; por desgracia, esta es la imagen de muchas iglesias locales hoy en día.

En realidad, una persona que no tiene conocimiento sobre cómo funciona la iglesia probablemente no asistiría a un servicio de adoración por sí misma, porque puede ser demasiado extraño para ellos. Esto es especialmente cierto cuando la gente ya tiene una cierta creencia acerca de Dios.

Es importante reconocer que la iglesia es para los Cristianos, está diseñada para ser el lugar donde los Cristianos se reúnen para adorar a Dios juntos, mientras se apoyan y se animan unos a otros. La iglesia a menudo no es el lugar apropiado para dar la bienvenida a los aún no-Cristianos. En su lugar, debe haber un espacio seguro, separado, donde los aún no-Cristianos puedan ser bienvenidos para formar una relación: un grupo pequeño. Una vez que los perdidos aceptan a Jesús, se convierten en parte de la Iglesia.

> *La iglesia a menudo no es el lugar adecuado para acoger a los aún no-Cristianos.*

Desde una edad temprana, las personas desarrollan una visión acerca de quién es Dios. A los niños a los que se les enseñan otras creencias como el budismo, el Islam o el hinduismo se aferrarían a la cosmovisión de la religión a la que se les enseñó a creer. Esto no es diferente para los ateos y agnósticos, quienes tendrán una visión del mundo en la que Dios puede no existir o no existe. Incluso podrían creer que ellos mismos son Dios, y vivirán de acuerdo con sus creencias.

Para esas personas que han tenido una cierta visión del mundo y han practicado esa vida durante muchos años, no es razonable que asistan a un servicio de adoración Cristiana y luego cambien instantáneamente todo en lo que han creído. Esto significa que, si una iglesia busca llegar a *aquellos que* no conocen a *Dios,* deben proporcionar intencionalmente un entorno donde las personas puedan venir con seguridad, ser quienes son y hacer preguntas *a lo largo del tiempo,* para que puedan llegar a comprender y experimentar realmente quién es Dios y realmente convencerse desde sus corazones.

Debemos Hacer Discípulos Mientras Vamos, Bautizamos Y Enseñamos.

Las palabras "hacer discípulos" (v. 19) provienen de la palabra μαθητεύσατε (*matheteusate*). Es un mandamiento el enseñar y ayudar a los demás a crecer. Significa enseñar el Evangelio a las personas y ayudarlos a crecer en su fe (véase 2 Timoteo 3:14; 4:2–3). Ya sea en cuanto a los judíos que no conocen el Evangelio, o a los no judíos que nunca han oído hablar de él, significa enseñarles por medio del discipulado en vida, hasta que alcancen el estándar completo y total de Cristo (Efesios 4:13).

Μαθητεύσατε (*matheteusate*) significa hacer aprendices o discípulos. Este es el único mandamiento imperativo que Jesús hace en Su última guía a Sus seguidores antes de Su partida de la tierra. En forma griega, Mateo 28:19–20 sólo tiene un imperativo, que es "hacer discípulos."[78] *Ir, bautizar* y *enseñar* son simplemente participios que describen cómo uno debe hacer el imperativo, que es hacer *discípulos.* En otras palabras, se nos manda hacer discípulos a medida que vamos, bautizamos y enseñamos. Otra manera de ver esto es vivir una vida (a medida que uno avanza) que enseña con el ejemplo (como uno está enseñando) y bautiza (como uno está haciendo discípulos).

> *Se nos manda hacer discípulos a medida que vamos, bautizamos y enseñamos.*

Hacer discípulos se refiere a las relaciones de vida en vida. Cuando Jesús llamó a Sus discípulos, dejaron sus ocupaciones porque no podían mantener su ocupación y vivir la vida con Jesús. Los discípulos de Jesús vivieron con él hasta el día de Su muerte. El mandamiento de Jesús de hacer discípulos significa vivir con los demás, especialmente aquellos que no lo conocen, para que pueda haber transformaciones en sus vidas a través de interacciones de vida en vida.

Πορεύομαι (*pareuomai*) (v. 19) significa "ir, viajar, caminar, proceder; salir de; tener un destino; y morir a uno mismo (a la posición actual de uno mismo)." En términos de evangelización,[9] *ir* tiene que ver con ajustar la propia posición en aras de lograr la llamada de Jesús. Esta palabra también tiene implicaciones de abandonar la zona de confort, incluida la tierra física en la que uno habita. Esta es la razón por la que el trabajo misional requiere que el trabajo y la acción estén fuera de la patria. En 1 Corintios 9:19–23, el apóstol Pablo dice que se inclinó hacia las disposiciones de los demás para poder ganarlas a Cristo.

> *El mandamiento de Jesús de hacer discípulos significa vivir con los demás para que pueda haber transformaciones de vida a través de interacciones de vida en vida.*

Este llamado es que, los Cristianos y las iglesias en las que sirven, estén dispuestos a arriesgarse en aras de conectar con los demás. Ciertamente es un riesgo para los pastores de las iglesias decirle a la congregación que es posible que terminen en bares y otros lugares cuestionables porque su relación con aquellos que no creen en Cristo los ha guiado allí. Es debido a tal temor de que los Cristianos se alejen de su fe que muchos líderes de la iglesia aconsejan a sus miembros que eviten a *las personas de otras religiones*. Los dirigentes de la iglesia deben reconocer, sin duda, que se trata de un acto de equilibrio arriesgado, pero también deben ser conscientes de que, al no hacerlo, se están alejando de la Gran Comisión.

Mateo 28:20 dice: *Enseñen a los nuevos discípulos a obedecer todos los mandatos que les he dado*. Esta es una orden para educar a otros sobre el mensaje completo de la Buena Nueva. *Enseñar* es διδάσκω *(didasko)* el idioma griego original. Esta enseñanza no es algo que esté basado en el conocimiento o algo que se enseñaría en un ambiente de clase, pero es algo que se debe transmitir compartiendo vidas juntos, a través del tiempo.

Διδάσκω *(didasko)*[10] significa enseñar e instruir, pero hay una intención más profunda que nuestro pensamiento moderno de tener una conferencia de treinta minutos sobre un tema específico. Este versículo se refiere tanto a la guía instructiva como a la práctica. Esta palabra se utiliza cuando a alguien se le enseña a tocar un instrumento musical. Uno no puede convertirse en músico simplemente escuchando muchas conferencias al respecto. Requiere una enseñanza práctica cercana, uno a uno, que sea continua en el tiempo. Después de varias conexiones, los estudiantes se vuelven lo suficientemente hábiles como para aprender y crecer por sí mismos. El mentor puede reunirse con los estudiantes con menos frecuencia, pero se conectarán con el tiempo porque se ha formado una relación a través de su enseñanza.

A continuación, sigue el nombre de Διδάσκω *(didasko)* señalando hacia cómo hacer discípulos. Durante el siglo pasado, las organizaciones evangélicas con buenas intenciones elaboraron métodos para acelerar y medir objetivamente a las personas que vienen a Cristo. Sus métodos fáciles de entender eran invaluables para permitir que las personas entendieran el mensaje bíblico. Sin embargo, la proliferación de estas metodologías eliminó el discipulado, y los Cristianos salieron a las calles para "salvar" a muchos. Sin discipulado, estos métodos llevaron a muchas personas a creer que eran Cristianos que tenían vida eterna por medio de Cristo, a pesar de que realmente no conocían a Dios. Ciertamente, el Evangelio puede explicarse mediante breves interacciones, pero el cambio de la forma de vida y de llegar a la fe en Dios implica tiempo, ya que es algo que sólo Dios es capaz de hacer en Su tiempo y a Su manera. El discipulado es vida en la vida a lo largo del tiempo.

Nabeel Qureshi fue criado como un musulmán devoto con un conjunto de creencias desarrolladas desde su nacimiento. En su libro Seeking Allah, Finding Jesus (*Buscando a Allah, Encontrando a Jesús*), comparte su experiencia de cuestionar su fe islámica y los años e interacciones que le tomó confiar en Jesús como Señor.[11] Si una persona es atea, agnóstica o de otra religión, tomará tiempo cuestionar, aprender las diferencias de vista y comprometerse a entender lo que la persona necesita dejar atrás. Para algunos, incluso puede ser el rechazo de la familia, o posiblemente algo peor.

Por lo tanto, el evangelismo *no es sólo llevar a alguien a la iglesia*. Muchos líderes de la iglesia, por amor o posiblemente porque no entienden el evangelismo, le dicen a la congregación que traiga a más personas a la iglesia. Aunque los líderes de la iglesia ciertamente podrían tener buenas intenciones, asistir a un servicio en la Iglesia puede hacer que la nueva persona se sienta incómoda en un entorno no relacional. Un servicio de adoración es el ambiente para que los Cristianos adoren a Dios, y es menos adecuado para los aún no-Cristianos, aunque no debemos limitar a Dios en cuanto a dónde podría encontrarse con las personas que ama.

Hoy vivimos en tiempos ocupados, donde muchos "creyentes" asignan una o dos horas para el servicio de adoración del Día del Señor cada semana. Ese servicio a menudo concluye con la *tarea* de la experiencia en la "iglesia" de la semana.

> *Para que el evangelismo ocurra realmente, deben existir ciertas cosas: (1) un ambiente cómodo para el aprendizaje, (2) presentarse como las personas que son, (3) observar a otros creyentes, y (4) hacer preguntas.*

Sin embargo, para que el evangelismo ocurra realmente, deben existir ciertas cosas, como un ambiente cómodo donde las personas puedan ser discipuladas, un lugar seguro donde puedan presentarse tal como son, la capacidad de observar lo que significa ser una comunidad que adora al Dios del amor, y la libertad de hacer preguntas.

Estos son los beneficios de las reuniones e interacciones fuera de la iglesia. Esto es lo que se conoce como iglesias en casa o grupos pequeños. Hecho con eficacia, esto abrirá la puerta para que muchos vengan a explorar.

El evangelismo no es un deporte de espectadores. La Gran Comisión dice "ir", lo que significa viajar y apartarse de la posición actual; es un papel activo que requiere intención. Es la base del discipulado en el que los Cristianos deben renunciar a lo que es importante para ellos (morir a sí mismos), incluyendo el tiempo y el dinero, para que estén disponibles para aquellos que están dispuestos a escuchar y aprender acerca de Dios.

También se da el mandamiento de bautizar: βαπτίζοντες *(baptizontes)* durante el proceso del discipulado.[12] El bautismo significa que la persona ha iniciado su fe en Cristo frente a otros creyentes. Significa compromiso para crecer en la fe.[13] En la Iglesia primitiva, era una declaración pública que la persona estaba comisionando a su antiguo yo a la muerte, lo que incluía renunciar a todo pecado, morir a sí mismo y reconocerse como una nueva creación en Cristo.

Sin embargo, el bautismo no equivale a la salvación o a la vida eterna. Es un compromiso de partida, y como pueblo frágil, podemos apartarnos de Dios incluso después de esta etapa sin desarrollar una fe firme en Dios (véase Juan 6:66). La salvación y la vida eterna dependen de la fe (Juan 3:16; Romanos 1:17), que viene de Dios como un don para nosotros (Efesios 2:8–9).

El bautismo es la inmersión de una persona bajo el agua o una simple limpieza (véase 2 Reyes 5:14; Marcos 7:14; Lucas 11:38); ambos son válidos. La importancia clave es que la persona anuncia públicamente y confiesa su fe. Uno se convierte en hijo de Dios por fe. El bautismo, sin embargo, es un acto físico de aparecer frente a otros creyentes para confesar públicamente la fe en Cristo.

> *Uno se convierte en un hijo de Dios por fe.*

Este es un mensaje significativo: las personas que aún no creen y habitan entre los creyentes, pueden llegar a conocer a Dios. El bautismo, el compromiso de seguir a Jesús y de ser Su discípulo, ocurre a través de experiencias de vida, caminando con los Cristianos. En otras palabras, es a través de relaciones profundas que la gente realmente encuentra a Cristo, y no sólo a través de asistir a los servicios de la iglesia.

El discipulado implica vivir juntos, donde la persona que lleva al discípulo y el propio discípulo están *cerca y trabajando juntos a través del tiempo*. Esta práctica se ha reducido, o incluso eliminado, en muchas iglesias hoy en día debido a la promoción mundial de estar ocupado y el aumento en la hiper conectividad. Muchos de los llamados Cristianos, al no ser diferentes de las personas que no creen en Jesús, piensan en el Cristianismo como una religión definida por la asistencia fiel a los servicios de adoración los domingos. Sin embargo, el llamado a *hacer discípulos mientras van, bautizan y enseñan* es para todos los creyentes, y esto implica dejar la zona de confort y renunciar al tiempo y/u otros recursos para el crecimiento de los demás (¡lo que a su vez hace que ellos también crezcan!).

Debemos Proteger Nuestra Fe Y Transmitirla.

τηρέω (*tireo*), a menudo traducido como "observar y obedecer", tiene el significado de "mantenerse firme y vigilante."[14] Significa que los Cristianos deben preservar las cosas que Dios les ha enseñado transmitiendo su aprendizaje, tal como uno enseña a sus discípulos. También significa prestar atención a lo que Dios les ha enseñado. Esta palabra tiene implicaciones para el actual seguidor de Cristo, así como la responsabilidad de que transmitamos el mensaje.

Esta palabra apunta a la necesidad de un creyente de vivir una vida digna de ser seguidor de Cristo. La persona puede ser un buen modelo por seguir para los demás simplemente prestando atención a lo que Dios ya les ha enseñado y viviendo de acuerdo con esas verdades. A medida que las personas demuestran semejanza de Cristo en sus vidas, otras personas pueden ser inspiradas a vivir de manera similar. Si una persona está dispuesta a transmitir el mensaje a otra persona que esté interesada, y también trabaja con esa persona para desarrollar ese tipo de estilo de vida, se llama discipulado. Por lo tanto, observar y obedecer τηρέω (*tireo*) tiene implicaciones para el modelado de la vida, lo que se traduce en discipulado.

> *Los Cristianos deben preservar las cosas que Dios les ha enseñado al compartir sus aprendizajes.*

Debemos Confiar en Dios.

Μετά *(meta)* (v. 20) significa "en medio de" o "junto con".[15] Significa que, a medida que salgamos a hacer nuestra vida, Dios estará con nosotros. En cierto sentido, Jesús puede haber dicho esto para consolar a todos los creyentes en Su último mensaje ante Nosotros antes de Su ascensión; sin embargo, también podemos reconocer que Jesús tenía la intención de decir lo que es más importante para Sus seguidores a medida que hacemos lo que puede ser difícil, pero es lo más importante; es decir, hacer discípulos.

Significa tomar el riesgo y seguir adelante con el conocimiento de que Dios está con nosotros. Jesús desafió a Sus discípulos, incluyéndonos a ustedes y a mí, a abrazar y llevar a cabo una tarea compleja, que es hacer discípulos de todas las naciones. Dado que la llamada es tan vasta, muchos Cristianos e iglesias no participan en esta llamada, tal vez pensando que alguien más llevará a cabo la obra (esto se llama el "efecto espectador" en la psicología social).[16] Los Cristianos, incluyendo aquellos en el liderazgo de la iglesia, a menudo no planean intencionalmente conectarse con personas que no creen en Jesús, pensando en cambio que el evangelismo es algo que sucede por casualidad.

Jesús, al estar con nosotros μετά *(meta)*, nos impulsa a confiar en Dios para trabajar cuando realizamos las actividades "arriesgadas" de conectar con personas que no creen en Cristo. En efecto, es Dios, no nosotros, quien salvará a los que salvará (Hebreos 7:25; Romanos 9:15–16, 22–24). La capacidad del oyente para creer en el mensaje en un momento y circunstancia específicos también es algo de lo que Dios está a cargo (véase Lucas 24:13–32). Incluso las palabras que diríamos, tal vez una palabra de conocimiento o simplemente explicaciones simples sobre por qué creemos en lo que hacemos, es otra vez algo por lo que Dios asume la responsabilidad (Mateo 10:19; Marcos 13:11; Lucas 12:11–12).

"Yo estoy con ustedes siempre, incluso hasta el fin de los tiempos" tiene implicación hasta el día en que Jesús regresa para llevar a Sus seguidores a casa (Mateo 24:14). Hasta entonces, Jesús protege a Sus seguidores e incluso los empodera enviando el Espíritu Santo (Juan 14:16; 15:26; 16:7). Jesús protegerá, guiará y proveerá para todos los que depositen su confianza en El. Esta promesa se cumplió en Pentecostés (Hechos 2:1–4), lo que llevó a movimientos misionales mundiales. Sólo a través de la provisión, la ayuda y la guía del Espíritu Santo, podemos participar en grandes llamamientos y llegar a personas de todo el mundo, como Jesús mandó.

Lo que a los Cristianos les queda, entonces, es simplemente obedecer el mandamiento de hacer discípulos mientras van, bautizan y enseñan en el nombre de Jesús a las personas que aún no creen en Él. Esto requiere una intención de vivir vidas semejantes a las de Cristo, dignas de ser imitadas, junto con la voluntad de morir a las propias necesidades para discipular y cuidar a los demás con el tiempo. A través de todo esto, Jesús estará con nosotros, y no tenemos que preocuparnos; en su lugar, simplemente debemos obedecer y confiar, presionando en el caminar con los demás en discipulado.

La Gran Comisión y Jesús/Discípulos Haciendo Discipulado

La Comisión que Jesús dio a todos los Cristianos es hacer discípulos de todas las personas que no lo conocen. En medio del ajetreo de este

> *Las personas ocupadas no pueden estar disponibles. Las personas ocupadas no pueden amar en acción.*

mundo, los Cristianos deben ponerse a disposición para que puedan discipular a cualquiera que busque conocer a Dios. La disponibilidad es clave en la construcción de relaciones de discipulado que están conectadas con el evangelismo y las misiones. Las personas ocupadas no pueden estar disponibles. Las personas ocupadas no pueden amar en acción.

La Gran Comisión registrada en Mateo 28:19–20 tiene la intención de que la Iglesia opere colectivamente para llegar a los perdidos. El único imperativo es hacer discípulos mientras van, bautizan y enseñan. A través de todo esto, debemos proteger nuestra fe y tomar riesgos con fe en Dios.

Es importante que los Cristianos entiendan que Dios se refería a nosotros cuando vino a la tierra como un ser humano para hacer el sacrificio expiatorio. Su propósito final era reconstruir la relación que estaba rota por el pecado. La buena noticia, el Evangelio, es que Dios envió a Jesús, Immanuel con nosotros, y podemos caminar con Él.

Durante Su tiempo en la tierra, Jesús demostró cómo hacer discípulos antes de asignarnos esa misma tarea. El impacto del discipulado se puede ver en todo el Nuevo Testamento. Además, se muestra que los discípulos de Jesús, también llamados apóstoles, lideran pequeños grupos de pequeños grupos, lo que finalmente llevó a esos grupos a unirse para formar iglesias locales.

Jesús nos manda hacer discípulos yendo, enseñando y bautizando. Esto sólo puede ocurrir a través de relaciones estrechas. Los Cristianos deben ponerse a disposición, y la Iglesia debe hacer de esto una práctica para cumplir la llamada que Jesús ha dado a todos los creyentes colectivamente. Esto puede parecer difícil o incluso imposible para algunos, pero Dios hace que todas las cosas sean posibles cuando confiamos en Él.

La comprensión y ejecución de Mateo 28:19–20 es fundamental para el estudio de cómo nosotros, la Iglesia, podemos mejorar en nuestra capacidad de evangelizar, es decir, de hacer discípulos. La relación y la disponibilidad de los Cristianos es la clave para demostrar el amor de Dios a los demás.

Reflexión para grupos pequeños

1. ¿Cómo evangelizó hoy?
2. ¿Cuáles son algunos cambios que puede necesitar hacer en su vida con el fin de hacer discípulos, como Jesús lo manda?

Capítulo Dos

Las Buenas Nuevas, Explicadas

Si no hay lucha en ti, no tienes fe.
El Evangelio sin poder no es el Evangelio. [17]

—Samuel S. Goebel

Como seguidores de Cristo, necesitamos conocer el mensaje de la Buena Nueva que Jesús trae. El discipulado no puede ocurrir sin encontrar a Jesús, porque así es como experimentamos esta Buena Nueva, que también se llama el Evangelio. El Evangelio es simplemente la verdad de que podemos tener una relación directa con Dios porque nos ha enviado a Jesús para que se ocupe de las cuestiones que nos impidieron hacerlo. La muerte de Jesús en la cruz y Su resurrección nos dio el perdón de los pecados, y ahora nuestro Dios mora en nosotros a través de Su Espíritu (el Espíritu Santo) y nos guía en nuestros caminos hacia lo que es mejor.

Este mensaje del Evangelio debe entenderse y comunicarse correctamente para cumplir con el llamamiento de la Gran Comisión. El discipulado ayuda a las personas a entender y vivir la relación más profunda con Dios, disponible ahora gracias a lo que Dios ha hecho por nosotros. El Evangelio no termina simplemente con la muerte y resurrección de Jesús que nos lleva al cielo, como muchos Cristianos malinterpretan. Es *vivir con Jesús,* o en el discipulado, que Dios nos ha permitido experimentar.

Desafortunadamente, dado que muchas personas tienen una comprensión reducida del Evangelio, como creer que ciertos actos como asistir a la Iglesia los domingos o repetir una oración específica nos justifican, tenemos muchos llamados "casi Cristianos" que ven el Cristianismo como un acto religioso para apaciguar a un Dios enojado. Así como una persona necesita seguir cortando brotes para evitar que la maleza siga creciendo, los "casi Cristianos" constriñen las actividades religiosas en la apretada agenda de sus vidas, realizando actos como asistir a la iglesia como un mantenimiento para tratar de mantenerse "salvos." Su relación con Dios no es su máxima prioridad, sino que es algo que ellos *hacen y cumplen para permanecer salvos.*

Por lo tanto, es necesario aclarar el mensaje del Evangelio. El propósito de la salvación que Dios nos trae es reparar la relación rota con Él, para que podamos escucharlo y caminar juntos. Muchas personas reconocen que el Evangelio es así: Dios vio el problema que no le gustaba, el pecado, y por ello envió a Jesús a morir por nuestros pecados. Esto es ciertamente correcto, pero el énfasis está en el objeto equivocado.

El Evangelio no puede terminar sólo con el perdón. La razón por la que Jesús murió fue para *salvar la relación rota,* no para centrarse en el

> *La razón por la que Jesús murió fue para salvar la relación rota.*

pecado. El objetivo era quitar la cuestión del pecado para que nuestro enfoque volviera a Dios. Aunque ciertamente es una buena noticia que nuestro problema del pecado haya sido resuelto, esa no es la razón completa por la cual Dios eligió interceder; ese no es el Evangelio.

El Evangelio, la Buena Nueva, ¡es que podemos tener una relación con Dios! A través de lo que Jesús ha hecho ahora tenemos el Espíritu Santo, que nos permite creer y entender la guía de Dios. Lo hace habilitando primero a una persona *para comenzar a creer*. En el camino, el fortalecerá su fe para que sea inquebrantable.[18]

Las variaciones de la "oración del pecador" que ha sido utilizada por los evangélicos durante los últimos siglos se han centrado en el perdón de los pecados, afirmando que proporciona la salvación o la vida eterna[19] de forma inmediata. Aunque el perdón del pecado juega un gran papel, la salvación y la vida eterna siempre han sido el resultado de la fe o de que la persona crea o confíe en Dios:

> *Porque de tal manera amó Dios al mundo, que ha dado a su Hijo unigénito, para que todo aquel que en él* **cree**, *no se pierda, mas tenga vida eterna.*
>
> Juan 3:16

> *Porque en el evangelio la justicia de Dios se revela por fe y para fe, como está escrito: Mas el justo* **por la fe vivirá.**
>
> Romanos 1:17

Sin embargo, esta fe no proviene de nosotros. La fe para creer en Dios también proviene de Él. No es algo que empecemos un día por nuestra propia voluntad. Si ese fuera el caso, entonces podríamos presumir de creer en Dios por nuestra cuenta, y como resultado, podríamos exigir ser dignos de salvación (véase Efesios 2:8–9).

Hebreos 11:1 dice que la fe *es la evidencia de cosas que no podemos ver*. A diferencia de las leyes de la física, que podemos ver y verificar para creer, la fe en el Dios invisible requiere Su intervención. Cuando se muestra a nosotros, es cuando una persona puede comenzar a creer. Es por eso por lo que la Biblia señala la iniciación de la salvación de Dios para aquellos que ha elegido:

Por tanto, os hago saber que nadie que hable por el Espíritu de Dios llama anatema a Jesús; y nadie puede llamar a Jesús Señor, sino por el Espíritu Santo.

1 Corintios 12:3

*Pero cuando venga el Espíritu de verdad, **él os guiará a toda la verdad;** porque no hablará por su propia cuenta, sino que hablará todo lo que oyere, y os hará saber las cosas que habrán de venir.*

Juan 16:13

*Digo, pues, por la gracia que me es dada, a cada cual que está entre vosotros, que no tenga más alto concepto de sí que el que debe tener, sino que piense de sí con cordura, conforme a **la medida de fe que Dios repartió a cada uno.***

Romanos 12:3

Porque a los que antes conoció, también los predestinó para que fuesen hechos conformes a la imagen de su Hijo, para que él sea el primogénito entre muchos hermanos. Y a los que predestinó, a éstos también llamó; y a los que llamó, a éstos también justificó; y a los que justificó, a éstos también glorificó.

Romanos 8:29–30

Por lo tanto, es importante reconocer y comunicar a las muchas personas que van a la iglesia cada semana que puede que no *vayan a ir al cielo*. Sus obras religiosas de asistencia no las hacen justas o fieles. Lo mismo ocurre con aquellos que han recitado la "oración del pecador" en el pasado. Esto también puede ser cierto para algunos que han acudido a las llamadas al altar en un servicio de reavivación. Su salvación sólo será reconocida por la profundidad de su relación con Dios, misma que comienza con la fe que proviene de Dios.

> *No todo el que me dice: Señor, Señor, entrará en el reino de los cielos, sino el que hace la voluntad de mi Padre que está en los cielos.*
>
> Mateo 7:21

La única manera de obtener fe en Dios es por Su gracia. Crecer en él es comenzar con ese don y permanecer en El, el perfeccionador de nuestra fe (Hebreos 12:2).

Algunos creen que la Biblia alienta el uso de la "oración del pecador" basada en Romanos 10:9–13:

> *"… que, si confesares con tu boca que Jesús es el Señor, y creyeres en tu corazón que Dios le levantó de los muertos, serás salvo. Porque con el corazón se cree para justicia, pero con la boca se confiesa para salvación. Pues la Escritura dice: Todo aquel que en él creyere, no será avergonzado. Porque no hay diferencia entre judío y griego, pues el mismo que es Señor de todos, es rico para con todos los que le invocan; porque todo aquel que invocare el nombre del Señor, será salvo."*

Sin embargo, estos versículos tendrán sentido cuando se lean a través de la lente de que la fe necesaria para confiar en Dios es un don que proviene de Dios. Específicamente, uno sólo puede comenzar a declarar que Jesús es el Señor una vez que la persona cree, y el creer comienza con Dios. ¿Cómo puede uno creer en su corazón que Dios resucitó a Jesús, o a cualquiera, de entre los muertos? Dios debe intervenir y demostrar quién es a esa persona.

Hemos sido hechos justos con Dios porque Dios nos da la fe para confiar en Él.

> *Hemos sido hechos justos con Dios porque Dios nos da la fe para confiar en el.*

Por último, ¿quién puede invocar al Señor? Alguien que tiene fe en El y lo conoce. Es como un niño que llama a su madre o padre; el niño no le dirá "madre" o "padre" a un extraño que no conoce. Entonces, sin la iniciación sobrenatural de nuestra fe, no podemos comenzar el camino de la fe.

Incluso John Wesley una vez profesó que "sentía [su] el corazón extrañamente tibio." Escribió: "Sentí que confiaba en Cristo, sólo en Cristo, para la salvación; y se me dio la seguridad de que Él había retirado mis pecados, incluso los míos, y me salvó de la ley del pecado y de la muerte."[20] Luther Oconer, profesor asistente de Estudios Metodistas Unidos en el Seminario Teológico Unido, me escribió en un correo electrónico sobre esta experiencia de Wesley de "justificar la fe." Después de darse cuenta de lo que faltaba en su vida, Wesley se embarcó en una búsqueda de dos años para experimentarlo, hasta que finalmente lo experimentó en una reunión de la sociedad religiosa en Aldersgate Street en Londres. Esta fe, como ha demostrado la experiencia de Wesley, es algo que puede ser adquirido con el tiempo, y el enfoque de guiar a un buscador a través de la "oración del pecador" puede resultar insuficiente para que una persona crea verdaderamente en Dios.[21] Además, Wesley probablemente se consideraba a sí mismo como un Cristiano, ya que incluso tenía el título de pastor y hablaba de Dios delante de las congregaciones. Esto demuestra que muchas personas pueden pensar que son Cristianos, e incluso mantener posiciones en la iglesia, pero no ser salvos.

> *La gente puede pensar que son Cristianos, e incluso mantener posiciones en la iglesia, pero no ser salvos.*

En el mismo correo electrónico mencionado anteriormente, el profesor Oconer, respondiendo a mi pregunta sobre si la oración del pecador era aceptable en el punto de vista de la salvación de Wesley:

> Su preocupación por la oración del pecador es, en realidad, lo que estoy tratando de abordar, porque abarata el Evangelio. La oración del pecador (así como la llamada al altar) es una invención estadounidense provocada por el enfoque frecuente a los "atajos" en la cultura evangélica estadounidense durante el siglo XIX. Durante la época de Wesley no la tenían. Esto llegó más tarde, durante el segundo gran despertar en América, con la introducción del banco del doliente (como una forma de llamado al altar).
>
> Durante los tiempos de Wesley, las personas ganaban la fe salvadora en Jesús principalmente en el contexto del discipulado, y no como resultado de un encuentro único o una conversación de 10 minutos. Además, Wesley no enseñó el arrepentimiento como un requisito para la justificación o la vida eterna. Sólo hay un requisito para él: es salvar la fe en Jesús, o lo que llamamos justificación por fe, o justificar la fe (Romanos 5:1). Si el arrepentimiento es el requisito, entonces la salvación depende de nosotros y no de Dios. Por eso es sólo por fe. Esta fe no es de nuestro hacer; viene de la gracia de Dios. Es un don de Dios (Efesios 2:8). Pero ¿cómo sabemos que tenemos fe salvadora o justificación de la fe? Podemos saber por medio del testimonio del Espíritu (Romanos 8:16). El salvar la fe no se gana simplemente recitando alguna

fórmula mágica. Porque la fe, según Wesley, no es simplemente asentir o aceptar algo. Implica el corazón, o todo nuestro afecto.

Entonces, ¿cuál es la manera bíblica en la que una persona puede ser salvada si los tratados que incluyen la "oración del pecador" no son la respuesta? La respuesta está, nuevamente, en la Gran Comisión de Jesús, el mandamiento de hacer discípulos.

El discipulado requiere el compromiso de las personas para estar juntos durante un período de tiempo. El problema en el siglo XXI es la tendencia a la ocupación, algo de lo que la gente cree que se debe estar orgulloso.[22] Con las redes sociales y una sociedad hiperconectada, incluso los niños de cinco años se aíslan y quieren quedarse solos con sus electrónicos.[23] Los adolescentes constantemente tienen que comprobar sus actualizaciones en Facebook, Twitter, correos electrónicos y aplicaciones de chat, así que no es de extrañar que la gente ya no tenga tiempo para nada más.

El pastor Sam Hwang, de Christ Life Church (Iglesia de la Vida de Cristo), hizo una presentación en la Conferencia de Embajadores de 2017 en la que afirmaba que los pastores son ineficaces porque no tienen margen de tiempo.[24] Estaba señalando el hecho de que el ministerio a las personas, que es cómo funciona el discipulado, requiere tiempo; sin embargo, debido a que aparentemente hay tantas cosas que ocupan el tiempo de los pastores, no pueden tender a su enfoque original de pastorear a la gente.

Esta es la razón por *la que el discipulado* ya no es un término utilizado en las iglesias de hoy. Ya no se entiende. Esa es también la razón por la que muchas iglesias están en declive y luchando. El

> *El verdadero evangelismo requiere que las personas se relacionen en la vida diaria, con base en un compromiso mutuo de crecimiento.*

evangelismo, o discipulado, parece ser ahora un arte perdido. El verdadero evangelismo requiere que las personas se relacionen, que vivan la vida diaria con base en un compromiso mutuo de crecimiento. Un Cristiano debe modelar una vida que otros puedan seguir, y deben ayudar a aquellos que desean crecer, no desde lejos, sino cerca, mientras dan tiempo al alumno según sea necesario.

El Discipulado Requiere Relaciones que Dependen del Alumno

El discipulado es una relación entre individuos que se cultiva con el tiempo, con la intención de conocer más a Dios. Esta definición se aplica tanto a las personas que no conocen a Dios, pero que están interesadas en aprender acerca de Él, como a aquellas que conocen a Dios y desean profundizar en Él al conocerlo más.

El error que muchos Cristianos cometen sobre el evangelismo es establecer actividades y su tiempo en torno a sus necesidades y disponibilidad. Por ejemplo, una iglesia podría tener un programa para enviar a la gente a los supermercados locales a las 3 p.m. después del servicio del Día del Señor, ya que ese es el momento en el que los miembros de la congregación están juntos y disponibles. Pueden ir a un supermercado y tener folletos disponibles con el nombre y la información de contacto de la iglesia a la que asisten.

Dios lleva a las personas a la fe en diferentes momentos, a menudo a través de experiencias de vida, a cualquier hora de cualquier día. Es en esos momentos cuando buscan a alguien que les ayude a encontrarse con Dios, pero debido a que el evangelismo sólo ocurre en ráfagas especiales planificadas con antelación, las personas que están buscando no reciben ayuda de estos Cristianos que están ocupados cuando los buscadores están anhelando ayuda o guía de Dios.

Otra razón por la que fracasa el evangelismo moderno es porque los Cristianos ya no ven al evangelismo como una relación, sino que la ven como una actividad orientada a

> *Los Cristianos ya no ven el evangelismo como hacer relaciones, sino que lo ven como una actividad orientada a objetivos.*

objetivos, al igual que el trabajo en el mundo moderno. Sus métricas pueden estar enfocadas a que alguien repita la "oración del pecador" o en llevar a alguien a su iglesia.

Varias personas que desean que su iglesia local crezca en membresías han preguntado: "*¿Qué tengo que hacer para* llevar a más gente a la iglesia?"[25] El problema con esta pregunta es que comienza con la mentalidad de tener que hacer algo y tener que hacer actividades para producir resultados. Cuando se les dice que necesitan ir a conocer a más personas y formar relaciones con ellos, a menudo se sienten confundidos y piensan que debe haber otra manera que tal vez sea más rápida y eficiente.

En consecuencia, los pastores que no entienden que el evangelismo requiere construir relaciones pueden decirles a sus congregaciones que vayan a lugares populares en aras del evangelismo. La congregación puede seguir a su pastor por obediencia, pero puede ser de mayor beneficio para los pastores y los creyentes su interés en entender mejor la Gran Comisión de Jesús para que se beneficien a través del verdadero discipulado.

El evangelismo es construir relaciones. Se trata de estar disponible. Es caminar con otros de la mano a través de la vida, juntos. Se necesita mucho compromiso y sacrificar tiempo para verdaderamente llevar a una persona a Cristo. No se puede hacer en poco tiempo simplemente repartiendo folletos y pidiendo a alguien que recite una oración especial.

> *El evangelismo es construir relaciones.... caminar con los demás de la mano a través de la vida, juntos.*

La importancia del estar a disposición de las personas que están interesadas puede verse en la vida de Pablo, en su carta a la iglesia de Corinto:

> *Pues si anuncio el evangelio, no tengo por qué gloriarme; porque me es impuesta necesidad; y ¡ay de mí si no anunciare el evangelio! Por lo cual, si lo hago de buena voluntad, recompensa tendré; pero si de mala voluntad, la comisión me ha sido encomendada. ¿Cuál, pues, es mi galardón? Que, predicando el evangelio, presente gratuitamente el evangelio de Cristo, para no abusar de mi derecho en el evangelio. Por lo cual, siendo libre de todos, me he hecho siervo de todos para ganar a mayor número. Me he hecho a los judíos como judío, para ganar a los judíos; a los que están sujetos a la ley (aunque yo no esté sujeto a la ley) como sujeto a la ley, para ganar a los que están sujetos a la ley; a los que están sin ley, como si yo estuviera sin ley (no estando yo sin ley de Dios, sino bajo la ley de Cristo), para ganar a los que están sin ley. Me he hecho débil a los débiles, para ganar a los débiles; a todos me he hecho de todo, para que de todos modos salve a algunos. Y esto hago por causa del evangelio, para hacerme copartícipe de él.*
>
> 1 Corintios 9:19–23

Pablo se puso a disposición de todos de la manera en la que necesitaban a Cristo mientras se aferraba a su corazón y buscaba llevarlos a Él. Considere su redacción: *He vivido como..., me he convertido..., yo también viví..., y cuando estoy con....* Estas palabras no son proyectos de corto plazo, sino de una vida a través del tiempo para ganarse el corazón de los demás y hacer discípulos.

Pablo también comparte en sus cartas a los Cristianos en Corintos que su intención no es sólo dar instrucciones, sino realmente pasar tiempo con ellos, en comunión:

Porque no quiero veros ahora de paso, pues espero estar con vosotros algún tiempo, si el Señor lo permite. Pero estaré en Éfeso hasta Pentecostés; porque se me ha abierto puerta grande y eficaz, y muchos son los adversarios.

1 Corintios 16:7–9

Sed imitadores de mí, así como yo de Cristo.

1 Corintios 11:1

Pablo también les exhorta a saber con certeza que están creyendo correctamente:

Además, os declaro, hermanos, el evangelio que os he predicado, el cual también recibisteis, en el cual también perseveráis; por el cual, asimismo, si retenéis la palabra que os he predicado, sois salvos, si no creísteis en vano.1 Corintios 15:1–2

Examinaos a vosotros mismos si estáis en la fe; probaos a vosotros mismos. ¿O no os conocéis a vosotros mismos, que Jesucristo está en vosotros, a menos que estéis reprobados?

2 Corintios 13:5

Prayer Tents, una organización misionera cristiana, resume el Evangelio de esta manera:

Dios nos creó, partiendo de Adán y Eva, para tener una estrecha relación con nosotros.

Sin embargo, hubo un problema con la desobediencia a Dios, llamado pecado, que nos separó de Él. La gente trató de cerrar esta brecha, pero no fue posible debido a la norma perfecta de Dios. Él tenía un plan para resolver este problema, porque esto era algo que sólo él podía resolver.

Este plan era restaurar nuestra relación dándonos el corazón que nos permite amar a Dios y seguir Sus mandamientos (Deuteronomio 30:6, 10). No sería por deber, sino a través de alinear nuestros corazones y acciones con lo que Dios tiene en mente.

El resultado final de este plan sería una relación continua con Dios. Estaría con nosotros y sería nuestro guía, y lo haría enviando Su Espíritu a morar en nuestros corazones.

Este era el problema original cuando el pecado entró en juego, ¿recuerdan? Por esta razón, Dios mismo bajó a la tierra (el Hijo, cuyo nombre es Jesús), para hacer un sacrificio permanente por todos. Cualquiera que crea en Jesús y en lo que ha hecho será considerado como si no tuviera pecado, lo que significa que son puros y aceptables ante Dios (Juan 3:16; Romanos 12:1; 1 Corintios 3:16–17; 6:19; Hebreos 10:1–23; 1 Pedro 2:4-5).

Se dice que cualquiera que tenga al Espíritu Santo viviendo en ellos nace de nuevo con el Espíritu de Dios. Viviremos eternamente con Dios con gozo y reinaremos sobre muchas cosas, como se pretendía en el Jardín original.

Entonces, la Buena Nueva de la Biblia es la siguiente: Cree en Dios, y tendrás una relación con Él. Él te permitirá amarlo con gozo y seguir Sus mandamientos. Él te guiará en cada paso del camino, y no tendrás que preocuparte por nada en la vida. Tu espíritu nacerá de nuevo con el suyo, y vivirás eternamente con él.[26]

Este resumen del Evangelio incluye la verdad de que Dios proporciona la fe, y no es algo que hagamos nosotros. A través de la fe que nos da, nos permite crecer en un estado que es aceptable para comulgar con Él.

Reflexiones Para Grupos Pequeños

1. ¿Cómo afecta el Evangelio, la Buena Nueva de Jesucristo, su vida cotidiana?
2. ¿Cómo es su relación con Jesús? ¿Cómo va su alma?

Capítulo Tres

Cómo Jesús y Sus Discípulos Hicieron Otros Discípulos

No se impacta a las masas; se impacta a las personas.[27]

Cómo Hizo Jesús el Discipulado

Jesús llamó a los Cristianos a hacer discípulos, y lo demostró a través de Su ministerio para que pudiéramos imitarlo. Primero, los discípulos de Jesús eran simplemente personas que tenían interés en Dios. Aunque la Biblia no dice explícitamente por qué Simón Pedro, Andrés, Santiago y Juan fueron capaces de dejar lo que estaban haciendo e inmediatamente seguir a Jesús a petición suya (Mateo 4:18–22), podemos suponer que no estaban satisfechos con dónde estaban en la vida, y tal vez querían algo más. Había un *interés* o *deseo* de averiguar acerca de Dios.[28]

Esta iniciación es algo que sólo Dios es capaz de hacer, y continúa iniciando de la misma manera hoy en día. Muchos jóvenes adultos, aunque muchos líderes de la iglesia no vean esto, actualmente están buscando guía para su vida y se preguntan si hay algo más. Los Cristianos necesitan ser capaces de reconocer cuando Dios está trabajando, y necesitan dar la bienvenida a esas personas a una comunidad donde puedan observar, hacer preguntas y crecer.[29]

Jesús comenzó Su *grupo pequeño* reuniendo a esas personas que tenían algún interés en conocer a Dios. Ciertamente no conocían a Dios, ni eran personas de grande estatura o reconocimiento. Sin embargo, Jesús les enseñó, διδάσκω (*didasko*) y discipuló μαθητεύω (*mathetevo*), y siguieron transformando su cultura y la forma en que la gente de esos tiempos pensaba (véase el libro de Hechos y otros escritos en el Nuevo Testamento), y su impacto persiste hasta nuestros días. La fe cristiana comenzó con Jesús y Su grupo pequeño, que a su vez desarrolló otros pequeños grupos. Ese grupo pequeño ha formado lo que hoy se conoce como la Iglesia.

Eso explica cómo Jesús comenzó a llevar a las personas a convertirse en discípulos, pero ¿cómo hizo *que se convirtieran en discípulos*? Caminó con ellos, les mostró y les enseñó de la mano. Para ilustrar esto, podemos ver lo que Jesús hizo con Sus discípulos siguiendo el relato de Mateo:

> *La fe Cristiana comenzó con Jesús y Su grupo pequeño, que a su vez desarrolló otros pequeños grupos.*

- Ejemplificó la enseñanza de multitudes (Mateo 5–7). Tenga en cuenta que el mensaje que Jesús compartió al público también era valioso para los discípulos. Los discípulos probablemente vieron la preparación y ejecución de Su obra. Los discípulos probablemente comieron con Jesús, hicieron preguntas, y adquirieron nuevos conocimientos al estar cerca de él.

- Ejemplificó una vida de milagros mientras enseñaba que ocurrían por fe. Esto incluyó la sanidad de un leproso, un sirviente de un soldado romano, y muchos otros. Jesús les enseñó a amar, a cuidar y a tener compasión por los demás (Mateo 8:1–17; 9:19–34; 15:21–31; 18:24–34).

- Les enseñó acerca de los costos de poner la fe en Dios (Mateo 8:18–22).

- Les enseñó acerca de perseverar en la fe en Dios para cualquier cosa en este mundo en lugar de tener miedo de las cosas (Mateo 8:23–27). Esto también es evidente cuando Jesús se enfrenta a líderes que entendieron o enseñaron acerca de Dios de forma incorrecta (Mateo 23).

- Ejemplificó una vida de milagros, enseñando que estos pueden suceder para glorificar a Dios y no tienen que depender de la fe del receptor, y cuando Dios está haciendo algo y los creyentes ven esto y le siguen con fe, Dios puede actuar y demostrar Su poder en la sanación y los milagros (Mateo 8:28–9:8; 12:9–13, 22–37).

- Demostró que muchas personas necesitan a Dios, y les enseñó a buscar a Dios primero y para obtener más obreros mientras continuaban la obra de Jesús y discipulaban a los demás (Mateo 9:35–10:42).

- Enseñó a Sus seguidores a centrarse en quién es Dios en lugar de tratar de impresionar a las personas con milagros. Los milagros sólo ocurrirán como Dios quiere. Jesús demostró a Sus discípulos la necesidad de estar listos para enseñar y no seguir las peticiones de las multitudes (Mateo 12:39–45; 16:1–4).

- Les enseñó a compartir relatos para que los oyentes pudiesen entender el mensaje más profundo (Mateo 13; 18:12–14, 21–35; 21:28–22:14; 25; 25).

- Enseñó y demostró que no hay nada imposible para Dios (Mateo 14).

- Enseñó que Dios está interesado en quiénes somos, en nuestras personas internas y en nuestras almas más que en lo que hacemos o en cómo nos vemos en el exterior (Mateo 15).

Estos son ejemplos sencillos de lo que Jesús hizo junto con μετά *(meta)*, Sus discípulos. La llamada, entonces, es imitar a Jesús en la disciplina y la enseñanza de los demás en estrecha proximidad y compartiendo vidas juntos. Así es como hacemos discípulos, y eso es el verdadero evangelismo.

> *El llamado es imitar a Jesús en disciplinar y enseñar a los demás en estrecha proximidad y compartiendo vidas juntos. Así es como hacemos discípulos, y eso es el verdadero evangelismo.*

Cómo Hicieron el Discipulado los Discípulos de Jesús

La Biblia también muestra cómo los discípulos de Jesús, más tarde llamados los apóstoles, discipularon a los demás. Aunque no vemos los mismos tipos de pequeños grupos liderados por ellos, podemos ver cómo construyeron múltiples pequeños grupos.

Después de que se les dio el Espíritu Santo, experimentaron el mayor renacimiento que se produjo hasta ese momento. Los primeros capítulos de Hechos cuentan capítulo tras capítulo acerca de miles de personas que llegaron a creer en Dios. Cuando esto ocurrió, los apóstoles tenían el encargo de discipular a todos aquellos creyentes que recientemente habían encontrado interés o necesidad en Dios. Aunque no se comparte explícitamente en las Escrituras, podemos suponer que el repentino crecimiento de pequeños grupos que se muestra en Hechos 2:42–47 es el resultado de la guía y la enseñanza de los apóstoles.[30]

El resultado de este gran estallido de nuevos iniciados en la fe se debió a reuniones de grupos pequeños. El versículo 44 dice que los creyentes se reunieron en un solo lugar para compartir sus pertenencias con los demás. Esto no puede referirse a una multitud porque no habría suficiente para que una o dos personas repartieran a cientos de personas. Además, cuando hay una gran multitud, la gente no tiene la capacidad de dialogar y

> *Cuando hay una gran multitud, la gente no tiene la capacidad de dialogar y entender las necesidades de otras personas.*

entender las necesidades de otras personas. Este versículo muestra que hubo un intercambio entre personas dentro de pequeños grupos que dialogaron entre sí para entender cómo podían ayudarse unos a otros. Trabajaron juntos y se dieron el uno al otro con el fin de satisfacer las necesidades inmediatas para que pudieran llegar juntos a Dios.

Luego, los versículos 44-45 hablan acerca de un surgimiento de varios grupos pequeños que estaban bajo la guía de los apóstoles, centrándose en los cuatro temas mencionados en el versículo 42, a saber, aprender acerca de Dios, compartir vidas juntos, comer juntos y orar. También adoraban (v. 47) y estaban llenos de gozo (v. 46).

El versículo 46 comparte un poco más sobre la disposición. Adoraban juntos en el *templo*. Aunque esta palabra se traduce literalmente como "templo", la

> *Dios no sólo trabaja dentro de la iglesia, sino que también puede operar con un poder aún mayor fuera de la iglesia.*

reunión ocurría fuera del templo. La razón era que, generalmente, el uso del templo era exclusivamente para administradores y líderes y no se permitía el acceso de mujeres ni gentiles. Además, no había suficiente espacio para acomodar a todas las personas dentro de estos edificios. Es por eso por lo que la Nueva Versión Internacional traduce esto como "tribunales de templo." Esto puede ser visto como que Dios no sólo trabaja dentro de la iglesia, sino que también puede operar con un poder aún mayor fuera de ella.

Las personas que adoran en las cortes del templo apuntan a reuniones de varios grupos pequeños, o lo que podría ser similar a las grandes reuniones en nuestras iglesias de hoy. Dentro de las iglesias locales debe haber pequeños grupos, como se muestra en la última parte del versículo 46, donde las personas se reunían en sus hogares para comer y compartir la vida juntos mientras cubrían las necesidades de los demás. La gente estaba dispuesta a dar lo que tenía e invitaban a otros, incluso cubriendo el costo de la comida y dando su tiempo por el bien de los demás.

Los discípulos de Jesús comenzaron la administración de estos pequeños grupos y continuaron con sus enseñanzas (Hechos 3–5). Sin embargo, al participar en la administración, no podían concentrarse en su objetivo principal de enseñar, por lo que finalmente delegaron esta tarea a otros (Hechos 6).

El discipulado se trata de conexiones de persona a persona y de compartir la vida. Los Cristianos que tienen una relación con Dios pueden compartir lo mismo con otras personas que están interesadas en Dios. A través de tales interacciones de vida a lo largo del tiempo, otros pueden ver y experimentar a Dios en acción.

> *Los Cristianos que tienen una relación con Dios pueden compartir lo mismo con otras personas que están interesadas en Dios. A través de tales interacciones de vida a lo largo del tiempo, otros pueden ver y experimentar a Dios en acción.*

Lamentablemente, esta infraestructura para dar la bienvenida a los demás a menudo falta en las iglesias de hoy en día. No podemos seguir ampliando más servicios de adoración con la opinión de que no estamos lo suficientemente dedicados; más bien, necesitamos un lugar donde las personas *puedan* crecer individualmente desde donde están y *en el camino*. Al igual que la Iglesia que se muestra en Hechos 2, los grupos pequeños pueden ser un lugar donde los Cristianos compartan con los demás lo que Dios les ha dado, sus recursos de tiempo y dinero para cuidar las necesidades de los demás a medida que llegan a conocerlos a ellos y a sus necesidades profundamente y en persona.

El Evangelio y la Intercesión de los Creyentes

Es prerrogativa de Dios llevar a cabo la salvación para cualquiera porque es el proveedor de fe que permite a las personas creer en Dios. Siendo así, ¿qué pueden hacer los Cristianos para ayudar cuando la gente pregunta acerca de Dios con el deseo de conocerlo? Podemos darles la bienvenida a la comunidad y orar con ellos mientras tenemos fe en Dios sobre el resultado.

> *Podemos darles la bienvenida a la comunidad y orar con ellos mientras tenemos fe en Dios sobre el resultado.*

Cuando Dios comienza a trabajar en la vida de alguien para lograr el interés inicial, queremos dar la bienvenida a esas personas en nuestros grupos pequeños amorosos y personalmente en crecimiento, donde pueden compartir libremente sus preocupaciones y sus vidas. Con el tiempo, las personas interesadas habrán recibido la oportunidad de obtener información sobre Dios, encontrar respuestas a sus preguntas, y tal vez incluso experimentar algunos

> *Con el tiempo, las personas interesadas habrán recibido la oportunidad de obtener información sobre Dios, encontrar respuestas a sus preguntas, y tal vez incluso experimentar algunos milagros de Dios entre ellos, mientras que también experimentan la generosidad de otros creyentes al satisfacer sus necesidades.*

milagros de Dios entre ellos, mientras que también experimentan la generosidad de otros creyentes al satisfacer sus necesidades (véase Hechos 2:42–46).

Cambiar la fe lleva tiempo, y es importante, en esta fase, permitir las relaciones para que la persona siempre pueda hacer preguntas y sentirse cómoda durante este viaje.

Como creyentes, suponiendo que estemos alineados con Dios en el deseo de llevar a las personas a una relación con Dios (Ezequiel 18:23; 1 Timoteo 2:4; 2 Pedro 3:9), *¿qué puede hacer* un Cristiano si es únicamente decisión de Dios el llevar a cabo la salvación? La respuesta es que podemos orar por ellos.

La prerrogativa, por supuesto, todavía descansa en Dios, pero como hijos de Dios tenemos el derecho de venir a Él con cualquier petición, tal como los niños pueden hacer con sus padres humanos (Juan 1:12; Gálatas 4:7; 1 Juan 3:10). Podemos interceder por ellos (Gálatas 6:2; Efesios 6:18; 1 Timoteo 2:1, 4), buscar la voluntad de Dios (1 Juan 5:14) y comunicar lo que escuchamos de Dios para consolar a la persona, lo que incluye darle palabras de conocimiento o mensajes proféticos. Por medio de esas oraciones, Dios puede demostrar Su amor hacia ellos al satisfacer sus necesidades, darles guía e incluso llevándolos hacia la anidad (Santiago 5:15–16).

Santiago 5:15–16 requiere un poco más de atención. Προσεύχομαι *(proseuchomai))*, oración, cuyo significado es "pedir o suplicar a Dios", y se utiliza como sustantivo y verbo en estos versículos para dar a entender que podemos orar para llevar a cabo el perdón y la sanidad de otra persona. Una persona que está buscando a Dios puede ser capaz de experimentar a Dios mientras los Cristianos oran por ellos y con ellos.

La oración por los demás es importante, porque es una manera en que podemos ayudar a los creyentes que están pasando por un mal momento, o incluso podemos ayudar a los no creyentes al consolarlos con la guía que Dios pudiera darles a través de nosotros. Es por eso por lo que la oración es uno de los cuatro elementos enumerados en Hechos 2:42 que el discipulado de grupos pequeños debe mantener cuando estén juntos.

Además, Jesús enseñó a Sus discípulos que *muchas personas necesitan* a Dios, pero relativamente pocas personas les ministran (Mateo 9:37–38). Luego les dice a Sus discípulos que pidan u oren al Señor de la Cosecha, para que envíen más obreros. En ese sentido, cuando intercedemos por los demás para que realmente experimenten a Dios y renazcan con Su Espíritu, le pedimos efectivamente a Dios que nos envíe más ministros de Su gracia. A medida que Dios los llena, se convierten en nuestros hermanos y hermanas que también responden juntos a la llamada de la Gran Comisión.

Reflexiones para Grupos Pequeños

1. ¿Cómo practica el discipulado?
2. ¿Cómo sabe la gente a su alrededor que es discípulo de Jesús?

Capítulo Cuatro

Historia del Evangelio, Evangelismo y Misiones

Recuerden a los discípulos de Cristo. Remaron y llevaron sus barcos pesados a la costa y luego abandonaron todo para seguir a Cristo.

—Elfric de Eynsham

A lo largo de los años se han producido cambios en los métodos de evangelización, y ya no se asemejan a los métodos que se enseñaban en las Escrituras. Desde los tiempos de la Iglesia primitiva, como se registra en el libro de Hechos, muchos cambios políticos y culturales afectaron la forma en que operaba la Iglesia y su clero. Como resultado, es muy posible que la forma de operar de las iglesias locales que vemos hoy en día no sea lo que Jesús deseaba ver. Todos los Cristianos deben reflexionar sobre este asunto y considerar dónde nos llama Dios a ir individual y colectivamente como Iglesia global y cómo debemos operar.

El propósito de esta sección es relatar la historia de cómo se han practicado tanto la Gran Comisión como la operación de la Iglesia, y cómo han evolucionado con el tiempo. También se analizará cómo se ha entendido el mensaje del Evangelio y cómo ha evolucionado ese entendimiento con el tiempo. Durante los últimos dos milenios, las personas han tenido diferentes entendimientos de cómo podían ser salvados.

La historia mostrará cómo el cristianismo se ha convertido en una religión pasiva para muchas personas y enfatizará la necesidad de una reforma, un regreso al discipulado, que nos lleve de vuelta al Evangelio que Jesús enseñó.

Luego, el enfoque se centrará en cómo John Wesley, fundador de la Iglesia Metodista, puso en práctica la Gran Comisión en el entorno de la iglesia. Esta implementación, llamada "reuniones de clase", fue como la comunidad metodista de fe creció hasta llegar a 80 millones de personas en todo el mundo hoy en día. Poner en práctica la Gran Comisión utilizando métodos similares puede resultar una solución efectiva para producir discípulos fieles de Jesús.

La Gran Comisión tal como se muestra en las Escrituras

Como está escrito en Mateo 28, Jesús mandó a Sus seguidores a que hicieran discípulos. Como se dijo al principio del libro de Hechos, el Espíritu Santo se derramó sobre los seguidores de Jesús, y comenzaron a formar la Iglesia. La Iglesia se construye sobre la reunión de los Cristianos en diferentes lugares, ya sea en sus hogares, calles o junto al patio del templo (véase Hechos 2:42–47). Es a través de estos pequeños grupos que se les dio la bienvenida a los nuevos iniciados y se formaron discípulos. Así fue como la fe cristiana creció en todo el mundo durante los primeros siglos después de la muerte y ascensión de Jesús.

> *Es a través de estos pequeños grupos que se les dio la bienvenida a los nuevos iniciados y se formaron discípulos.*

La función de los grupos pequeños era el discipulado, que incluía la participación directa y activa de todos los miembros; el entrenamiento práctico directo y la convivencia no se puede hacer en grandes grupos. Estos pequeños grupos consistían en reunirse con fines de estudio, comunión, para comer juntos y orar (Hechos 2:42).

También podemos ver que los apóstoles no tomaron la responsabilidad de manejar a los pequeños grupos a la ligera. Con el tiempo, la gestión de estos grupos llegó a ser tan vasta que decidieron pasar esta función administrativa (el mantenimiento de los discípulos existentes) a otros, para que pudieran centrarse en llegar a más personas (hacer nuevos discípulos; Hechos 6:1–7).[31] El mandamiento de Jesús de hacer nuevos discípulos fue el enfoque clave de Sus seguidores. De la misma manera fue el entendimiento y el mensaje clave de la Gran Comisión. La iglesia operaba y atraía a la gente a través del discipulado. Se centraba en el amor del uno por el otro. Nuestros métodos modernos de salir a los supermercados para pedir a la gente que se una a nuestra iglesia no era el enfoque.

Para ser inclusivos, los miembros de pequeños grupos demostraron el poder del Espíritu Santo en las calles, como el Señor ordenó (Hechos 3:4–7; Hechos 6:8). Esto también puede ser visto como un aspecto del evangelismo, pero es uno que se deriva del discipulado. Dios ciertamente puede dirigir a cualquier creyente a mostrar Su gloria de esta manera, pero uno debe estar en una estrecha relación con Dios para poder escuchar Su guía y llevar esto a cabo. Los verdaderos milagros y curaciones dependen de ese fundamento del amor, y ese fundamento se encuentra en el discipulado de grupos pequeños. La Gran Comisión se practicó haciendo discípulos a través de pequeños grupos a medida que se formaban las primeras iglesias.

El verdadero mensaje del Evangelio que Jesús y sus discípulos enseñaron

El mensaje del Evangelio ha evolucionado a lo largo de los siglos. Bíblicamente, Jesús enseñó el mensaje del Evangelio en un versículo familiar:

> *Porque de tal manera amó Dios al mundo, que ha dado a su Hijo unigénito, para que todo aquel que en él cree, no se pierda, mas tenga vida eterna*
>
> Juan 3:16

Este mensaje también se puede ver en Efesios 2:1–10, donde el pasaje nos habla maravillosamente de nuestra situación antes de Cristo (vv. 1–3), el cambio que Dios ha hecho por nosotros (vers. 4), y el resultado (vv. 5–10). El mensaje del Evangelio se puede resumir en dos palabras de este pasaje: ὁ δὲ θεὸς (*ho de Theos*): *pero Dios*.[32] Aunque estábamos condenados a la muerte, Dios nos salva por Su gracia y sólo por Su don. No es por lo que hemos hecho o porque lo hemos merecido, sino sólo porque Dios ha proporcionado un camino (vv. 8–9). Nos salva para que podamos cumplir los planes originales que Dios ha diseñado para cada uno de nosotros (v. 10): los grandes destinos preordenados de los individuos o de la Iglesia colectiva.

Volviendo al advenimiento de la Iglesia después de la resurrección de Jesús (Hechos 1–6), la riqueza de las relaciones entre las personas era claramente visible. Las personas se entregaban unas a otras, estudiaban, oraban y compartían vidas juntos (Hechos 2:42–47). Este tipo de vida es apoyada por la enseñanza de Jesús de cuidar a los demás, porque esa acción también es cuidar de Dios (Mateo 25:40, 45). La capacidad de las personas para relacionarse entre sí muestra que a los creyentes les importaba su relación con Dios.

> *La capacidad de las personas para relacionarse entre sí muestra que a los creyentes les importaba su relación con Dios.*

¿Cómo pueden las personas tener una relación profunda con Dios? Pueden hacerlo por la gracia de Dios (Romanos 3:27; Efesios 2:1–10), donde por medio de la muerte y la fe de Jesús en lo que ha hecho (Romanos 3:25–26), recibirán un

> *Es a través de la comunión personal y profunda entre sí, mientras buscan juntos a Dios, que la Iglesia creció en número y en corazones.*

corazón transformado con el Espíritu de Dios en ellos para que puedan seguir adelante y conectar con el corazón de Dios (Ezequiel 36:26–27). Este es el mensaje del Evangelio. Es a través de la comunión personal y profunda entre sí mientras buscan juntos a Dios juntos que la Iglesia ha crecido en número y en corazones.

Desafortunadamente, este bello mensaje se ha distorsionado con el tiempo, y el malentendido parece no ser diferente hoy al que era durante los días de Jesús. Durante la vida de Jesús en la tierra, Él criticó a los llamados creyentes, en particular a los fariseos y saduceos, por su falta de verdadera comprensión del corazón del Padre. Los fariseos, los líderes religiosos de la época de Jesús, enseñaron a los demás a seguir la ley perfecta, pero Jesús vino y enseñó que no hay nadie que pueda cumplir con esa ley perfecta (Romanos 3:23; Romanos 8:30–32). Por esa razón, Dios mismo tuvo que ocuparse de este problema del pecado, para que Su pueblo pudiera volver a acercarse a Él. Examinemos cómo este mensaje del Evangelio ha sido distorsionado con el tiempo.

La Gran Comisión como se muestra en el primer milenio

En el principio, la iglesia era una comunión de hombres y mujeres que se centraban en el Cristo viviente. Luego la iglesia se trasladó a Grecia, donde se convirtió en una filosofía. Luego se trasladó a

Roma, donde se convirtió en una institución. Luego se trasladó a Europa, donde se convirtió en una cultura y, finalmente, se trasladó a América, donde se convirtió en una empresa.[33]

La cita anterior puede sonar como una parodia, pero contiene una triste verdad: lo que Jesús enseñó se ha convertido en una especie de tendencia cultural y ya no se trata de tener una relación enriquecedora con Dios.

Alrededor del año 325 d. C. ocurrió un cambio importante, y el enfoque de los Cristianos hacia la Gran Comisión sobre el discipulado comenzó a disminuir. Esto cambió la forma en que la Iglesia operaba. Constantino, el emperador romano de 306 a 337 d. C., creó una separación oficial entre el clero y los laicos en el Concilio de Nicaea, nacionalizando el cristianismo como la religión oficial de Roma.[34]

Antes de la nacionalización de la religión Cristiana, los Cristianos se reunían y compartían sus vidas. Practicaban oraciones, buenas acciones, ayuno y les daban a los pobres.[35] Sin embargo, ahora se definía a los Cristianos con roles específicos. Esto significaba que ciertas personas podían discipular a los demás, mientras que originalmente *se esperaba que todos los Cristianos lo hicieran*. El aprendizaje de los creyentes ya no era uno a uno o uno con unos pocos, sino en grandes grupos, debido a la separación de roles. Dirigir y escuchar de Dios se convirtió en la responsabilidad del clero, mientras que los "laicos" simplemente debían seguir su guía.

Esto también se vio agravado por el hecho de que la mayoría de la sociedad era inculta y analfabeta. En los tiempos de Jesús, un ciego, tal vez inculto, podía testificar que no podía ver, pero que, después de que Jesús lo sanara, había recuperado la vista. Como resultado de ese intercambio, las personas que se encontraban en situaciones similares podían escuchar y experimentar a Dios. Sin embargo, este tipo de testimonio, junto con la capacidad de discipular a otras personas que se encontraban en situaciones similares, fue efectivamente eliminado debido a esta división, y el laico debía volverse uniforme a través de las enseñanzas específicas del clero instruido.

Aquellos que querían profundizar en la conexión con Dios podían ir a estudiar para convertirse en clérigos, pero sus enseñanzas y aprendizajes se volverían uniformes debido a la

> *Esto condujo a una menor dependencia de la guía del Espíritu Santo, lo que llevó a las personas a simplemente seguir las reglas definidas por la iglesia.*

formalización y a una mayor jerarquía dentro del clero. Esto llevó a una menor dependencia en la guía del Espíritu Santo, lo que a su vez llevó a las personas a simplemente seguir las reglas definidas por la iglesia.

Antes de seguir adelante, por favor deténgase y considere cómo hacemos la iglesia hoy. Cuando pensamos en atender la Iglesia, a menudo pensamos en términos de horarios programados de adoración congregacional. A menudo hay un líder educado y dedicado que nos habla unilateralmente. Los acontecimientos del servicio están todos planeados previamente, incluyendo las canciones que se cantarán y los versículos bíblicos que se leerán. Esto es lo que trajo el siglo IV. Así no era como operaba la Iglesia Primitiva. Esto no quiere decir que lo que estamos haciendo hoy está mal, pero como hijos de Dios, reconozcamos que lo que sabemos hoy, y tal vez hemos estado acostumbrados a saber desde la juventud, puede tener defectos. No confiemos en las tendencias, la cultura o las leyes religiosas a las que estamos acostumbrados, sino que pongamos nuestra confianza solamente en la Palabra de Dios.

Mientras se producía esta división de clérigos y laicos, hubo algunos Cristianos que quisieron ir más profundo, más allá de la limitación cultural. Esto condujo al ascetismo, donde aquellos que deseaban tener

> *Las personas en aquellos días se reconocieron a sí mismas como seguidores de Jesús siempre y cuando asistieran al servicio de la iglesia y escucharan a un líder educado y dedicado cada semana.*

una unión más profunda con Dios encontrarían la soledad lejos de la sociedad, en los monasterios.[36] Estarían apartados del resto de la sociedad para practicar el ser discípulos de Jesús. Esta tampoco es una imagen del discipulado que Jesús enseñó. Estar aislado no es una llamada de Jesús, y tampoco lo es estar lejos del mundo. Jesús vivió y caminó entre los pecadores. El ascetismo también ha eliminado el discipulado que Jesús mandó. La Gran Comisión para que todos los creyentes hicieran discípulos había terminado efectivamente como resultado del Concilio de Nicaea y el ascetismo. Sin embargo, las personas en aquellos días se reconocían a sí mismas como seguidores de Jesús siempre y cuando asistieran al servicio de la iglesia y escucharan a un líder educado y dedicado cada semana.

Cómo se entendió el Evangelio hasta la Reforma Protestante

Para el año 325 d. C., la Iglesia se había vuelto más desarrollada y formal, y Roma estaba ganando importancia. Durante ese tiempo, la Iglesia enseñó que uno podría ser perdonado y asegurar la vida eterna en el cielo al seguir sus leyes y reglas. Los Papas y los obispos reclamaron la autoridad para decirle al laico si y cómo sus pecados podrían ser perdonados. De hecho, los obispos tuvieron que acoger a los "penitentes" (pecadores) en la comunidad de la Iglesia al reconciliarlos con la Iglesia. Los que no se hubieran reconciliado no podrían participar en la comunión eucarística.[37] Se establecieron leyes de penitencia y el pueblo tuvo que confesar sus pecados a los obispos y seguir prácticas específicas requeridas para que sus pecados fueran absueltos, prácticas tales como recitar oraciones específicas, ayunar y participar con catecúmenos hasta que sus pecados fueran declarados perdonados.[38]

Aproximadamente durante los siglos VI y VII, se compilaron "penitenciales." Las penitenciales eran colecciones de notas de sacerdotes que habían asignado penitencia para varias confesiones, tanto pequeñas como grandes. Como dice en estas notas, los confesores podían pagar por ciertos delitos o realizar ritos especiales un cierto número de veces o durante un período de tiempo específico.[39] Las penitenciales eran normas, como los libros de leyes, que prescribían la pena o los actos a realizar por pecados específicos.[40]

> *Las penitenciales eran normas, como libros de leyes, que prescribían la pena o los actos a realizar por pecados específicos.*

La estandarización de las penitencias llevó a creer que la penitencia debía repetirse de acuerdo con el número de veces que se cometía el pecado. Este tipo de penitencia también se llamó "penitencia arancelaria."[41]

> *La salvación se recibía ahora a través de obras. Obras adicionales perdonarían a la gente de más pecados, a veces incluso de pecados futuros.*

A lo largo de los años, la gravedad de los actos requeridos para la penitencia se redujo a donaciones piadosas, peregrinaciones y obras meritorias similares. En otras palabras, la salvación se recibía ahora por medio de las obras.[42] Obras adicionales perdonarían a las personas de más pecados, a veces incluso de pecados futuros, un modelo que Jesús y Sus discípulos no enseñaron.

En el siglo XI se enseña y se acepta el concepto de purgatorio más ampliamente. Se supone que el purgatorio es un lugar intermedio al que irían los muertos que no estaban lo suficientemente perfeccionados como para entrar en el cielo, ni tan suficientemente pecaminosos como para entrar en el infierno. Este es el lugar donde esas almas irían a ser refinadas por el fuego, para ser perfeccionadas.[43] Los pecados que no conducen a la condenación eterna pero que aún necesitan ser purificados se llaman "pecados temporales."[44] Dependiendo de la extensión de los pecados que necesiten ser purificados, la longitud o gravedad de la purificación podría ser mayor o menor. La posibilidad de la existencia del purgatorio había sido considerada debido a la enseñanza judía con respecto a *Gehinnom*.[45] La popularización del purgatorio en esta época condujo a un tipo especial de penitencia llamada indulgencia.

Las indulgencias son un indulto especial proporcionado por el *poder de la Iglesia Católica,* siendo, por lo tanto, propiedad de obispos y papas, que podría reducir la cantidad de sufrimiento que la persona enfrentaría en el purgatorio.[46] Aunque inicialmente se enseñó que las indulgencias que eran sólo para los pecados temporales, se llegó a abusar tanto del sistema de indulgencias que se afirmó que algunas de ellas proporcionaban salvación. Por un costo más alto, se concedería el perdón por pecados mayores que requerirían una penitencia más larga y severa.[47]

Las Cruzadas son un ejemplo de esto, donde el Papa Urbano II llevó esta ley de penitencia aún más lejos y declaró el perdón absoluto de los pecados, independientemente de la gravedad de estos, para aquellos que participaran en la guerra contra los infieles.[48] Esto significaba que la devoción o la fe en Cristo ya no importaba, sino que la salvación eterna se concedería simplemente por participar en la guerra.

> *La devoción o la fe en Cristo ya no importaba, la salvación eterna se concedería simplemente por participar en la guerra.*

Otros tipos de indulgencias incluían sacar a un ser querido fallecido del purgatorio por una cierta cuota. También tenían inversiones futuras, al igual que hoy tenemos al IRA (sistema de retiro individual), donde la gente podía ahorrar para el perdón de sus pecados futuros.[49]

A finales de la Edad Media, entre los siglos XIII y XVI, la penitencia se convirtió más una tabla de puntuación donde los creyentes negociaban con la Iglesia para recibir crédito cuando

> *Los creyentes negociaban con la Iglesia para recibir créditos cuando realizaban ciertas tareas menores.*

realizaban ciertas tareas menores. Ejemplos de estas "tareas" sería decir ciertas oraciones, realizar actos de devoción, asistir a lugares de culto u otro tipo de reuniones benévolas, ir en peregrinaciones, realizar actuaciones y procesiones, visitar reliquias, dar donaciones caritativas y recaudar dinero para una buena causa.[50]

Los cuestores profesionales ("perdonadores") eran contratados por la Iglesia para recolectar dinero para proyectos específicos para la

> *La salvación se entendía ahora como una combinación de obras y algo que los ricos podían asegurar.*

Iglesia. Estos "indultos" a menudo excedían la doctrina oficial de la Iglesia y prometían recompensas como la salvación eterna a cambio de una cantidad exorbitante de dinero. La iglesia floreció financieramente como resultado durante esta era.[51] La Catedral de Rouen es conocida como la "Torre de la Mantequilla" porque fue construida con los fondos recaudados por la venta de indulgencias.[52] La salvación se entendía ahora como una combinación de obras y algo que los ricos podían asegurar.

Fue en ese momento, alrededor del año 1517, que un sacerdote llamado Martín Lutero se enfureció por la enseñanza de que la salvación podía ser comprada o negociada. Su repaso de las Escrituras mostró que la salvación era sólo por fe, debido a la gracia de Dios. No es nuestra obra la que proporciona la salvación. La Reforma Protestante implicó la separación de la Iglesia Católica, dejando de confiar en las decisiones de la Iglesia Católica e yendo directamente a Dios sólo con la fe.[53]

El punto de vista de la salvación al que se adhirieron los protestantes que siguieron a Martín Lutero y Juan Calvino, incluidos los grupos metodistas y Cristianos y de la Alianza Misionera, se explican en las "Cinco Solas", que afirman que la salvación se logra únicamente por la gracia (*Sola Gratia*), sólo en Cristo (*Sola Christus*), sólo a través de la fe (*Sola Fide*), solo por la gloria de Dios (*Sola Deo Gloria*) y solo como dice en las Escrituras (*Sola Scriptura*).[54]

La Gran Comisión en el Segundo Milenio

Hasta la Reforma Protestante, la Iglesia Católica[55] fue la única iglesia cristiana que dictó lo que significaba ser un seguidor de Cristo durante más de un milenio. Fue dirigida por personas educadas para enseñar la misma metodología y enseñanzas. Sus líderes también tomaron decisiones con respecto a la penitencia y las cruzadas que convirtieron a Cristo más en un conjunto de reglas que uno tenía que

> *La cultura llevó a la gente a seguir las leyes hechas por el hombre, nuevamente.*

seguir para llegar a ser Cristiano y tener vida eterna.[56] Fíjense en la ironía de esto: Jesús vino a liberar a la gente de seguir ciegamente las leyes para que Su pueblo amara y siguiera directamente a Dios (véase Mateo 5; Romanos 2:17–29; 3:10–12; 8:30–32, etc.), pero la cultura llevó a la gente a seguir las leyes hechas por el hombre, nuevamente.

En el siglo XVI, Martín Lutero desafió a la Iglesia Católica, afirmando que las obras no eran el camino para recibir la salvación, sino que era por la fe y un don de Dios, como está escrito en las Escrituras. En 1517, presentó las Noventa y Cinco Tesis, un conjunto de noventa y cinco puntos o enseñanzas de la Iglesia Católica que, a su juicio, no eran bíblicas.[57] Lutero fue finalmente excomulgado y considerado proscrito por el emperador. Tradujo la Biblia del latín, que era utilizado por la Iglesia Católica y sólo podía ser leído por clérigos especialmente educados, al alemán,[58] el idioma común del pueblo de Alemania en su época. Ahora la Biblia podría ser leída por los laicos para entender el mensaje sin la interpretación del clero.

Sin embargo, la Iglesia Católica creía que el poder de interpretar la Escritura pertenecía únicamente al clero de la Iglesia Católica. Como resultado, muchas personas que leyeron la Biblia y llegaron a la conclusión que no era la enseñanza oficial católica romana, fueron excomulgadas y asesinadas.[59]

Durante mil años, la Iglesia Católica Romana había enseñado que su manera de adorar y comunicarse con Dios era el camino correcto. Bajo la dirección del Papa, la gente gastó sus ahorros de vida para comprar penitencias que prometían la vida eterna, y muchos se unieron a una "guerra santa", creyendo que todos sus pecados pasados serían perdonados. Conociendo las Escrituras hoy en día, podría ser fácil para nosotros señalar sus faltas; sin embargo, la mayoría de los Cristianos en ese entonces no podían ver que lo que estaban haciendo estaba errado. Algunas personas que trataron de decirles a otros acerca de la verdad de la Palabra de Dios fueron ignoradas e incluso asesinadas (similar a como los profetas de Dios fueron tratados en el Antiguo Testamento).

Incluso hoy en día podríamos estar enfrentando el mismo problema, y muchos de nosotros también podríamos ser demasiado ciegos para ver lo que está mal, y aquellos que tratan de traer reformas podrían ser ignorados, ridiculizados o incluso asesinados. Por eso es muy importante que los seguidores de Jesús puedan escuchar Su voz de forma correcta. Una manera de confirmar Su voz es el ser parte de un grupo pequeño de personas que se aman entre sí, y que juntas amen a Dios.

> *Incluso hoy podemos estar enfrentando el mismo problema. . ... Por eso es muy importante que los seguidores de Jesús puedan escuchar Su voz de forma correcta.*

Estado de la Gran Comisión Actualmente

Avanzamos rápidamente a los siglos XX y XXI, y vemos que los miembros del clero todavía son vistos como las personas que han de interpretar la Biblia y hacer la obra de Dios, mientras que los laicos asisten a adorar durante los servicios y a escuchar los mensajes interpretados por el clero. Esto no corresponde con la Gran Comisión que Jesús enseñó.

A través de la era de la Ilustración y más allá, la educación en las ciencias se convirtió en la marca de la grandeza individual.[60] Como resultado, la teología ha llegado a ser vista como otra ciencia.[61] Aunque podría haber algunos beneficios al realizar un estudio tan enfocado en Dios, la comprensión de Dios se ha vuelto puramente educativa y académica para gran parte del clero. Ya no se trata de tener una relación con Dios, sino que es sólo otra certificación o profesión que los miembros podrían colgar y presumir en una pared.

> *La comprensión de Dios se ha vuelto puramente educativa y académica para gran parte del clero. Ya no se trata de tener una relación con Dios.*

Las enseñanzas del clero se han vuelto muy lógicas y enfocadas hacia lo natural. La creencia en los milagros sobrenaturales y curaciones de Dios están muy desvalorizados, si no es que han sido eliminados por completo.[62] El discipulado para las personas no se enfatiza, y el aprender del púlpito se ha convertido en la norma.[63]

El ministerio también se convierte en un llamamiento de Dios, y es visto como un trabajo, como cualquier otra profesión.[64] Gracias a la era industrial, las personas están capacitadas para ser eficientes en un área específica, considerando que tales eficiencias maximizan los beneficios. Aquí se aplica el concepto de la línea de ensamblaje: a una persona se le asigna una tarea específica que simplemente se repetirá, y luego el artículo se pasa a otro trabajador para producir en masa, en el menor tiempo posible.[65]

A diferencia de siglos anteriores, cuando las figuras prominentes tenían múltiples talentos, hoy en día una persona educada es capaz de hacer una sola cosa bien. Estas personas pueden ser contadores financieros, físicos o médicos, pero no los tres a la vez.

Los sistemas educativos, incluyendo las universidades, fomentan esto al permitir a los estudiantes seleccionar una especialidad, obtener un título especializado y trabajar en ese campo. El camino hacia la ordenación es similar: un estudiante debe entrar en un seminario (una universidad para la teología), obtener un título y luego ser ordenado. Hay sitios de empleo que solicitan "pastores" de la misma manera en que solicitan un "ingeniero estructural." [66] [67]

Muchos laicos que viven bajo la misma influencia ven al clero como una vocación no diferente a su propia vocación de ingeniero, arquitecto o empresario. Como resultado, muchos eclesiásticos creen que su papel Cristiano es simplemente enfocarse y cumplir bien sus vocaciones, mientras que creen que la obra de Dios, incluyendo la vida de la Gran Comisión, debe ser realizada por el clero. Muchos de los llamados Cristianos hoy en día creen que son Cristianos porque asisten a uno o más servicios eclesiásticos cada semana. Algunos supuestos creyentes no sienten que la iglesia sea incluso necesaria para ellos, ya que pueden aprender *educativamente* por su cuenta, a través de los muchos recursos disponibles para ellos, incluyendo libros e Internet.[68] Esto dista mucho de la visión de la Iglesia que se muestra en las Escrituras (véase Efesios 4) y de la verdadera fe cristiana.[69] Ser discípulo de Jesús significa vivir un estilo de vida con los demás, en comunidad.

> *Muchos de los que asisten a la iglesia creen que son Cristianos, ya que se enfocan y cumplen bien sus vocaciones.*

La relación con Dios siempre ha sido el llamamiento principal, desde el tiempo de la creación (véase Génesis 1), y Jesús vino a romper el ciclo de la ley del pecado y la muerte para llevarnos de vuelta a Dios (Mateo 27:51; Romanos 5:1–2; Romanos 8:1–2). Sin embargo, han pasado dos milenios desde que Jesús abrió un camino para conectar con Dios, pero el estado actual del cristianismo parece estar siguiendo los métodos que el mundo enseña, en lugar de volver a lo que Jesús enseñó.

> *Ser discípulo de Jesús significa vivir un estilo de vida con los demás, en comunidad.*

Muchas iglesias ahora consideran que el discipulado es tener grandes grupos de personas que vengan y escuchen sermones. A las personas se les enseña conocimiento bíblico para aumentar el conocimiento de su cabeza, aunque es el conocimiento del corazón lo que Dios anhela (1 Samuel 16:7; Jeremías 17:10; Juan 4:24).

Tal vez incluso nuestro enfoque moderno de la adoración masiva no fue prescrito por Dios. Consideren otros aspectos de la adoración moderna que pueden haber sido hechos por el hombre o creados a través del empañado lente de la historia: sermones, bendiciones, bautismos, la Cena del Señor y las oraciones por milagros y sanación *que deben ser dadas y administradas por pastores ordenados*. Incluso el concepto de un sermón que debe ser preparado sólo por alguien que es educado, puede no ser bíblico. Dios usó a la gente normal, como los pescadores, para hablar con valentía y transformar muchas vidas. Tal vez deberían ser *todos los Cristianos* quienes deberían practicar estos roles, especialmente en medio de otros a quienes amen, en grupos pequeños.

La transformación de la cabeza al corazón sólo se puede hacer enfocándose de nuevo en el discipulado. Los grupos pequeños, como se prevé en el libro de Hechos, y el aprendizaje personal a través de las relaciones, son las claves para volver a Dios. A medida que el pueblo de Dios camine junto con Él, experimentarán curaciones, milagros, resurrección de los muertos y transformaciones de vida. Kevin Watson describe esto maravillosamente:

> El discipulado, sin embargo, se trata de una forma de vida, no sólo de la vida de la mente. Los discípulos siguen a Jesús. Son enviados al ministerio por Jesús. Curan a los enfermos. Alimentan a los pobres. Le cuentan a la gente acerca de Jesús y lo que Él ha hecho.[70]

¿Cómo podemos restaurar esta teología? ¿Deberíamos decir que los profesores y teólogos de hoy están mal? Debemos reconocer que vivimos en este mundo derrotado y que nuestra teología podría estar distorsionada. Entonces podríamos ir hacia Dios juntos, pidiéndole que restaure nuestra mente para ver lo que está haciendo, y luego unirse a Él. Este es el camino hacia el renacimiento y la experiencia del corazón de Dios.

Método de discipulado de John Wesley: reuniones en case

John Wesley es el fundador de la denominación metodista. Se crio en una familia anglicana, fue un erudito que recibió su educación de Oxford, y también un pastor fracasado en algún momento de su vida.[71] Sus experiencias, especialmente con respecto a los Moravos y su encuentro eventual con Dios, es lo que el pueblo al que Dios está llamando necesita hoy.

A pesar de que Wesley era un pastor ordenado, después de pasar mucho tiempo con los moravos se dio cuenta de que *le faltaba fe* salvadora. Había estado tratando de vivir una buena vida moral como la tenía entendida según su estudio, pero sentía que no podía alcanzar la fe. Luego tuvo una experiencia que compartió en su diario el 24 de mayo de 1738:

> Por la noche, fui muy involuntariamente a una sociedad en la calle Aldersgate, donde alguien estaba leyendo el prefacio de Lutero a la Epístola a los Romanos. Alrededor de un cuarto antes de las nueve, mientras describía el cambio que Dios obra en el corazón a través de la fe en Cristo, sentí que una dulce tibieza envolvía mi corazón. Sentí que confiaba en Cristo, y sólo en Cristo, para la salvación, y me fue dada la seguridad de que me había quitado mis pecados, incluso los míos, y me había salvado de la ley del pecado y la muerte.[72]

Wesley encontró a Dios.[73] Reconoció que no es a través del conocimiento ni de la voluntad de vivir una buena vida, sino que es un don de Dios que sólo Él es capaz de dar. Luego comenzó a expandirse en el acercamiento a Dios formando pequeños grupos que él llamó *clases*.[74]

Las clases se reunían "semanalmente para orar, leer la Biblia, analizar sus vidas espirituales y recolectar dinero para caridad."[75]

Wesley reconoció que una relación con Dios era el llamamiento más importante y, por lo tanto, la pregunta principal en estas reuniones era "¿Cómo está tu alma [espíritu]?"[76]

Esto esencialmente preguntaba: "¿Cómo está tu relación con Dios? ¿Cómo está tu mente en tu día a día, viviendo en tu enfoque hacia Dios? ¿Cómo está Dios impulsando tu espíritu hoy?" Estas preguntas ayudan a los Cristianos a permanecer enfocados en su objetivo principal de vivir en una relación con Dios.[77] A esta rendición de cuentas en las reuniones de clase se les dio otro nombre por el cual se les llamaba con frecuencia: "Cuidándonos unos a otros, en el amor."[78] [79]

El cambio dramático que se ve en estos pequeños grupos es que cada miembro está llamado a rendir cuentas sobre la forma en la que están viviendo.[80] A diferencia de los servicios modernos a los que asisten grandes congregaciones y estudios bíblicos realizados en entornos escolares donde se les dice a las personas que absorban lo que una persona ha preparado, a cada individuo se le da la batuta para compartir su experiencia actual y recibir retroalimentación de otros que pueden ayudarlo a aprender, alentarlo y, en última instancia, ayudarlo a seguir creciendo en su vida de fe.[81]

Algunas consideraciones prácticas de los grupos pequeños eran el número de personas, la formación de grupos y el contenido de la reunión. Las clases tenían entre siete y doce miembros, tanto hombres como mujeres. Las mujeres, así como los hombres, podrían dirigir clases, mismas que se formaban con base en su ubicación; por ejemplo, vecinos que se reunían con regularidad. Finalmente, las reuniones de clase se enfocaban en la pregunta central: "¿Cómo está tu alma?"[82] El efecto de la reunión ha sido redactado maravillosamente por Kevin Watson:

> *Las reuniones de clase se enfocaban en la pregunta: "¿Cómo está tu alma?"*

> La frase que mejor captura lo que los metodistas creían que era tan importante acerca de la reunión de la clase era "cuidarse unos a otros, en el amor." Se pidió a los primeros metodistas que invitaran a otros a sus vidas y que estuvieran dispuestos a entrar profundamente en la vida de otras personas para que juntos crecieran en gracia. Estaban comprometidos con la idea de que la vida cristiana es un camino de crecimiento en gracia o santificación y creían que se necesitaban unos a otros para perseverar en este viaje. Y así, en las primeras reuniones de clase metodistas, la gente se reunía, alguien abriría la reunión con una oración, el grupo a menudo cantaba una o dos canciones, y entonces el líder de la clase comenzaba haciendo a la pregunta: "¿Cómo prospera tu alma?" Después de que el participante respondía, el líder se dirigiría a otra persona del grupo y le hacía esa misma pregunta. El líder de la clase u otra persona podría responder ocasionalmente haciendo otra pregunta, ofreciendo aliento y, a veces, dando consejos. El patrón básico de la reunión era así de simple. La gente esencialmente estaba dando testimonio de su experiencia de Dios de la semana anterior. Y Dios parece haber usado esto, ya que el testimonio de los demás era frecuentemente contagioso. ¡Las personas a menudo experimentan la conversión simplemente al participar en una reunión de clase![83]

Dado que el crecimiento de la relación con Dios era el aspecto más importante de la organización de Wesley, las personas eran removidas de la membresía de la iglesia si se perdían un cierto número de reuniones:

> ¿Qué haremos con los miembros de la sociedad, que deliberada [sic] y repetidamente descuidan la reunión con su clase? Resp. 1. Que el anciano, el diácono o uno de los predicadores los visite, siempre que sea posible, y les explique la consecuencia si continúan descuidando, a sabiendas. Exclusión. 2. Si no modifican la conducta, aquel que esté a cargo los excluirá en la sociedad; explicando que han sido aislados por una violación de nuestras reglas de disciplina y no por conducta inmoral.[84]

Las reuniones de clase fueron el punto crucial del crecimiento explosivo del metodismo, pero con el tiempo esto ha declinado. Watson explica que esto puede deberse al desarrollo de las escuelas dominicales en el siglo XIX, cuando, como se mencionó en párrafos anteriores, la educación preparada por individuos educados tuvo mayor prioridad sobre la interacción personal y la rendición de cuentas.[85] Además, Watson también atribuye el declive a la Era Industrial, cuando las clases bajas, medias y altas comenzaron a formarse. Debido a las disparidades de las clases sociales, las personas se sentían más incómodas discutiendo las actividades de su vida diaria con otra persona de una clase social diferente. Esto también llevó a la clase alta, o a los supuestos expertos, a enseñar como en la escuela dominical.[86] Este proceso finalmente hizo que las reuniones de clase en las iglesias metodistas casi se extinguieran:

> Desafortunadamente, a principios del siglo XX, las reuniones de clase estaban casi completamente extintas en Estados Unidos. Ocasionalmente los historiadores hacían referencia a ellas, pero era mucho más fácil encontrar un boleto a una reunión de clase metodista temprana que un grupo de metodistas que en realmente se reunieran como si fuera una reunión

de clase. En lugar de hablar entre sí sobre su experiencia de Dios y su búsqueda de santidad, los metodistas hablaban acerca de ideas mucho más generales y abstractas que eran cada vez más difíciles de conectar con los detalles íntimos y mundanos de sus vidas. La reunión de clase se había convertido en una reliquia arqueológica de tiempos anteriores y en lugar de ser una forma de vida, la gente comenzó a ver su identidad cristiana como una de una serie de pasatiempos que podrían desarrollar o realizar cuando fuera conveniente o que servían para hacer la vida un poco mejor.[87]

Watson da tres razones por las que las reuniones de clase deben ser reinstaladas en las iglesias metodistas de hoy:

- La reunión de clase une a las personas en pequeños grupos para que no se pierdan en la iglesia.[88]

- El formato de la reunión de clase nos recuerda cada semana la realidad de que la vida cristiana no es estática.[89]

- Responder a la pregunta, "¿Cómo está tu alma?" o "¿Cómo está tu vida en Dios?" cada semana ayuda a mantener "el propósito principal como el propósito principal."[90]

Esto no sólo es necesario en las iglesias metodistas, sino en todas las iglesias. Todos los Cristianos necesitan volver al modelo de discipulado que fue modelado por los discípulos de Jesús y fue enseñado por Jesús durante Su vida en la tierra.

Reflexiones para Grupos Pequeños

1. ¿Cómo encaja su práctica actual de adoración y discipulado con lo que está prescrito en las Escrituras?

2. ¿Cuál cree que es su altísimo llamamiento de Dios? ¿Cómo puede asegurarse de que sea puramente de Dios y no esté contaminado por las normas y tendencias culturales?

Capítulo Cinco

Estrategias Efectivas para el Evangelismo

La cultura es religión externalizada.

—Enrique R. Van Til

Hay una tendencia en la Iglesia moderna sobre la asistencia de los laicos a los servicios eclesiásticos locales simplemente para conservar su deseo de ser reconocidos como Cristianos. Ciertamente, ningún Cristiano lo declararía descaradamente; sin embargo, con los avances del industrialismo, los jóvenes tienden a pensar en sus trabajos individuales como su única vocación a Dios. Lamentablemente, incluso algunos pastores ven su papel como un trabajo. La razón que brindan es que, al hacer bien su vocación o su trabajo, Dios se deleitará en esto y los bendecirá. Quieren ser Cristianos enfocándose en sus vidas primero.

Este tipo de pensamiento es el resultado de una mentalidad occidentalizada de individualismo que ha deteriorado muchas iglesias hoy en día. Los llamados "Cristianos" no ante ponen el reino de Dios, y no difieren de los no Cristianos, ya que se centran en vivir la mejor vida que pueden, con el pensamiento tácito de que esto es lo que Dios desea de ellos.

Además, dado que los Cristianos no difieren de las personas cuyas vidas están llenas de ajetreo y distracciones, los Cristianos no están disponibles para ayudar o guiar a las personas

> *Los llamados "Cristianos" no ante ponen el reino de Dios, y no son diferentes de los no Cristianos, ya que se centran en vivir la mejor vida que pueden, con el pensamiento tácito de que esto es lo que Dios desea de ellos.*

cuando claman por ayuda y buscan a Dios. Muchas iglesias locales también tienen dificultades financieras, ya que menos personas están interesadas en participar en los servicios de adoración y, como resultado, algunas iglesias se han alejado de la Gran Comisión y se están centrando en *complacer a los miembros actuales*. En resumen, esto significa que muchas iglesias locales ya no son misioneras y muchos Cristianos no están involucrados en la Gran Comisión. Muchos Cristianos realmente creen que la Gran Comisión es sólo para aquellos que tienen el papel de pastor, y los pastores a menudo están demasiado ocupados.

En este capítulo revisaremos el llamado de Jesús al discipulado como un prefacio a los grandes movimientos históricos que llevaron a la Iglesia hacia el discipulado, e incluso el desarrollo de las sodalidades. Esto requiere contextualización y compartir vidas con personas a quienes Dios hizo similares a nosotros en experiencias y actividades. Por último, hay una sección dedicada a un tipo especial de sodalidad que reúne a personas de mentes afines. La propiedad empresarial puede tener entrada en cualquier parte del mundo, permitiendo que propietarios de negocios Cristianos moren entre personas que no conocen a Jesús; y esto es lo que el apóstol Pablo hizo al vender tiendas de campaña para ganarse la vida.

Este capítulo toca brevemente los acontecimientos históricos que nos han llevado a donde estamos hoy. Sin embargo, nuestra historia aún no está completa, y falta que los Cristianos respondan y completen este llamado.

El llamado de Jesús a hacer discípulos

Todo Cristiano es misionero. La Gran Comisión que Jesús dejó a Sus discípulos antes de dejar la tierra fue el llamamiento que todos los seguidores de Cristo deben cumplir. La Gran Comisión en Mateo 28:19–20 exige que Sus seguidores hagan discípulos al ir, bautizar y enseñar.

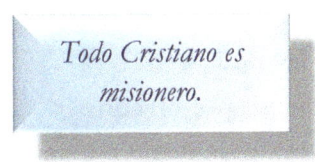

Todo Cristiano es misionero.

Esto va de acuerdo con la forma en que Jesús vivió durante Su tiempo en la tierra. Las Escrituras nos dicen que Jesús vino a la tierra para mostrarnos un modelo de cómo vivir (Mateo 6:9; Hebreos 12:1–3; 1 Pedro 2:21). Jesús discipuló a los demás a través de pequeños grupos.

Su grupo pequeño permaneció cerca de Él por un período de tres años. La estrecha relación que los discípulos tuvieron con Jesús es muy diferente de la tutoría y el coaching de la cultura empresarial moderna de hoy. Especialmente hoy en día, en muchas iglesias es normal que los miembros sólo se vean una vez a la semana. No hay rendición de cuentas, no hay oración del uno por el otro, y en última instancia, no hay crecimiento. En una cultura donde se fomenta el individualismo, esta es la norma; sin embargo, esto es contrario a lo que dice la Biblia y no es adecuado para los seguidores de Jesús.

Jesús tuvo muchos discípulos que lo siguieron en Sus actividades diarias (véanse Lucas 6:12–13; Juan 6:60–70). Sin embargo, siempre estaba disponible para los doce. Luego pasó más tiempo con tres: Pedro, Santiago y Juan. Jesús no daba conferencias una vez a la semana para que Sus "alumnos" tomaran notas sobre lo que él preparaba; en cambio, Jesús vivió entre ellos. Este tipo de discipulado que Jesús vivió es lo que da ejemplo a todos los creyentes: vivir con otros creyentes.

El concepto de *citas* a menudo parece una oportunidad para mostrar el lado bueno de otra persona por un corto período de tiempo. Este concepto se extiende a entrevistas, enseñanzas (en la escuela, iglesia, etc.), y ahora incluso en línea, con las redes sociales. Las vidas reales están ocultas, y se espera que las personas muestren sólo los lados positivos de sus vidas mientras mantienen otros aspectos para sí mismas. Puesto que las personas reconocen que no pueden vivir de la manera en la que otros se muestran externamente, se esconden. Están llenos de cansancio, depresión y estrés, y este es el estado de la sociedad individualista actual.

> *Puesto que las personas reconocen que no pueden vivir de la manera en la que otros se muestran externamente, se esconden. Están llenos de cansancio, depresión y estrés, y este es el estado de la sociedad individualista actual.*

La Iglesia no debe ser individualista. Estamos llamados a ser una comunidad de creyentes (Hechos 2:42–47). Así es exactamente como los apóstoles cumplieron el mandato de Jesús después de que se levantó de entre los muertos y les envió al Espíritu Santo. Se reunieron en hogares (v. 46) y compartieron vidas. Su transparencia les permitió estudiar juntos la enseñanza del apóstol y tener comunión, comer juntos y, en última instancia, orar unos por otros (v. 42).

> *Su capacidad de ser transparentes les permitió estudiar juntos la enseñanza del apóstol y tener comunión, comer juntos y, en última instancia, orar unos por otros.*

El evangelismo se produce en una comunidad de amor, y esa es la directiva de la Gran Comisión. Se da al modelar la vida de Jesús, cuya vida fue transparente para algunos. Esto a menudo parece muy contracultural para muchas personas, especialmente la gente del mundo occidental. Ralph Winter lo plantea de esta manera:

> Israel trató de ser bendecido sin esforzarse mucho en ser una bendición. Sin embargo, seamos cuidadosos: el ciudadano promedio de Israel no era más ajeno a la segunda parte del Genesis 12:1–3 que el Cristiano promedio de hoy es ajeno a la Gran Comisión. . . Entonces, ¿cuántas veces, en promedio, se menciona la Gran Comisión en la iglesia de hoy? ¡Incluso con menos frecuencia de lo que aparece en el Antiguo Testamento![91]

Por lo tanto, la propuesta de cambio en la Iglesia de hoy es que *los Cristianos de todo el mundo participen activamente en la consecución de los no alcanzados a través de su participación en grupos pequeños.* ¿Se puede hacer esto? Es lo que deseo ver.

Fervorosas Reuniones de Oración en Grupos Pequeños que Cambiaron el Mundo

Cuando miramos hacia atrás en la historia, podemos ver claramente que sucedieron grandes cosas debido a los grupos pequeños y sus poderosas reuniones de oración. Como muchos historiadores Cristianos saben, la Reforma Protestante que se desarrolló entre los siglos XVI y XVII fue cuando empezaron a regresar aquellas personas que estudiaban las Escrituras con mayor profundidad para identificar lo que Dios realmente deseaba de Su pueblo, en lugar de seguir ciegamente las instrucciones y prácticas de la Iglesia Católica.

> *Cuando miramos hacia atrás en la historia, podemos ver claramente que sucedieron grandes cosas debido a estos grupos pequeños y sus poderosas reuniones de oración.*

En el siglo XVII, algunos protestantes ingleses reformados buscaron ser "purificados" de las prácticas católicas que consideraban "corruptas." No les gustaba ser gobernados por una jerarquía de sacerdotes, y "querían una iglesia con pastores bien entrenados que expusieran las Escrituras fielmente, dando lugar a una iglesia y una nación de hombres y mujeres convertidos que reflejaran esa realidad en la vida privada y pública."[92] Al llamarse puritanos, también abogaron para que los laicos jugaran un mayor papel en el gobierno de la Iglesia, y por fomentar las reuniones de grupos pequeños llamadas "conventículos" para el estudio bíblico y la comunión.

Los puritanos fueron finalmente expulsados de Inglaterra y se establecieron en Massachusetts. Evangelizaron a los indios Algonquin y tradujeron la Biblia a su idioma. Desafortunadamente, el puritanismo no sobrevivió mucho debido a la persecución; sin embargo, el pietismo, otro gran movimiento, le siguió poco después.

Influenciados por el puritanismo, Philipp Spener y algunos otros sintieron que la influencia del gobierno era un problema que obstaculizaba el crecimiento espiritual. Buscando grupos pequeños para el crecimiento personal, Spener formó una "iglesia dentro de una iglesia", también conocida como un grupo pequeño. Aunque también consideró la formación y preparación pastoral, se enfocó mucho en los ministerios laicos. Durante los viajes misionales alentó una mejor instrucción catequética para los jóvenes y estableció escuelas para los pobres. Este fue el comienzo del movimiento pietista que influyó en otros grandes movimientos, incluyendo el de los metodistas y los moravos. Paul Pierson afirma la importancia de los grupos pequeños en este movimiento.

> El énfasis primordial del movimiento estuvo en la necesidad de la conversión personal, el deseo de vivir una auténtica vida cristiana en medio de una cultura nominalmente cristiana, el estudio personal de la

Escritura, la koinonia y la oración grupal. El pietismo, al igual que el puritanismo, alentó a los laicos a leer la Biblia, encontrando en ella la palabra de Dios dirigida a cada persona, así como la doctrina para los teólogos... El movimiento desarrolló un fuerte sentido de misión, tanto dentro como fuera de su propia sociedad e incluso hasta Asia.[93]

Es evidente que los primeros movimientos posteriores a la Reforma Protestante reconocieron la importancia de los grupos pequeños para el crecimiento espiritual. Para crecer en la intimidad con Dios, eran necesarios pequeños grupos de personas dedicadas a estudiar las Escrituras, orar juntos y vivir vidas cristianas auténticas.

> *Para crecer en la intimidad con Dios, eran necesarios pequeños grupos de personas dedicadas a estudiar las Escrituras, orar juntos y vivir vidas cristianas auténticas.*

Cuando Pierson describe los nuevos movimientos Cristianos, escribe una pequeña sección secundaria que sugiere cómo evaluar un movimiento de renovación. Dice que un movimiento de renovación: (1) "redescubre" un aspecto olvidado o descuidado del Evangelio (un "avance teológico"); (2) utiliza algún tipo de estructura de *grupos pequeños:* una iglesia dentro de la Iglesia, manteniendo así un vínculo con la Iglesia más grande; (3) está comprometido con la unidad, vitalidad e integridad de la Iglesia más grande; (4) está orientado hacia la misión más allá de sí misma; y (5) está consciente de ser una comunidad distinta, basada en convenios.[94]

Estos movimientos proporcionan contexto para el ascenso, la formación y el ejercicio de nuevas formas de ministerio y liderazgo. Estos movimientos son flexibles en cuanto a la forma de ministerio, mientras que sus miembros permanecen en estrecho contacto con la sociedad, especialmente con los pobres. Los puntos clave aquí son que se incluye la participación de *todos* los Cristianos, y que se hace a través de la estructura de una "iglesia en una iglesia", o *pequeños grupos*.

Más allá de las reuniones de oración de grupos pequeños que fueron el núcleo del puritanismo y el pietismo, las reuniones de oración enfocadas a los jóvenes

> *Dios tiene un gran plan, y los Cristianos deben orar juntos (en grupos pequeños) para revelar el plan de Dios a fin de que puedan participar en el gran movimiento de Dios.*

han conducido a una gran expansión del reino de Dios. Como veremos, muchos grandes movimientos de Dios han comenzado a partir de las reuniones de oración en grupos pequeños. Este también es el llamado para los Cristianos de hoy. Dios tiene un gran plan, y los Cristianos deben orar juntos (en grupos pequeños) para revelar el plan de Dios a fin de que puedan participar en el gran movimiento de Dios.

Hubo un grupo pequeño de personas del país de Moravia (ahora parte de la República Checa), un remanente de la Unitas Fratrum (Unidad de las Hermandades), que probablemente fue influenciado por el movimiento espiritual Cristiano medieval de Peter Waldo y sus seguidores, los valdenses. Sus comienzos pueden haber sido tenues, pero los moravos son conocidos por haber iniciado el moderno movimiento misionero mundial.[95] Su impacto mundial comenzó a través de un grupo de chicos que oraban juntos.

El conde Nicholaus Ludwig von Zinzendorf nació en 1700. En 1714 (a la edad de catorce años), formó la "Orden del Grano de Semilla de Mostaza." Este grupo se formó con otros cinco chicos que se dedicaban a orar juntos. Su propósito era dar testimonio del poder de Jesucristo y unir a otros Cristianos en comunión, ayudar a los que estaban sufriendo por su fe y llevar el evangelio de Cristo al extranjero.[96]

En 1722, después de haber sufrido mucha persecución en su tierra natal, los moravos llegaron a la casa de Zinzendorf y le preguntaron si podía ayudarlos. Los llevó a su casa, dándoles la oportunidad de recuperarse.[97] En 1732 financió a los dos primeros misioneros de Moravia, que navegaron hacia Santo Tomás. Así, las misiones de Moravia comenzaron en los corazones de un grupo de estudiantes. Las misiones mundiales comenzaron a partir de las oraciones de los Cristianos reunidos en grupos pequeños.

> *Las misiones mundiales comenzaron a partir de las oraciones de los Cristianos reunidos en grupos pequeños.*

La Iglesia de Moravia compartió características clave del puritanismo y el pietismo. Para ellos, el liderazgo laico era importante. Las personas fueron elegidas por su ocupación de ancianos y/o maestros, no según el rango social o la educación formal, sino en base a sus dones. Pierson describe sus prácticas de esta manera:

> Siguieron disciplinas espirituales con oración y adoración diarias. Cada persona formaba parte de un grupo pequeño de estímulo mutuo, hombres solteros con hombres solteros, mujeres casadas con mujeres casadas, etc. Las opciones matrimoniales estaban reguladas; a la gente se le dijo con quién casarse. Los niños fueron separados de sus padres a una edad muy temprana, viéndolos sólo durante las comidas. Eran una comunidad separada del mundo, con un alto nivel de disciplina espiritual, dispuesta a ir a cualquier lugar para difundir el Evangelio.[98]

El fundador de la Iglesia Metodista, John Wesley, fue profundamente influenciado por los moravos. Sin embargo, antes de su reunión con los moravos, John Wesley inició un grupo pequeño durante sus años universitarios, junto con su hermano Charles, para dedicarse a ser santos. Posteriormente, el grupo se hizo conocido como el "Club Santo." Pasaban tres horas al día (6:00–9:00 a.m.) orando y leyendo los Salmos y el Nuevo Testamento. Además, "convirtieron su piedad en un acercamiento a los pobres, los hambrientos y los encarcelados."[99]

A pesar de haber dedicado sus primeros años a buscar a Dios, John Wesley no estaba seguro de ser salvo y luchó con esto incluso después de su ordenación como pastor. Durante este tiempo turbulento zarpó hacia Savannah, Georgia, y conoció a algunos moravos en el barco. Durante el viaje hubo una terrible tormenta, y los pasajeros entraron en pánico. Wesley se sorprendió al ver que los moravos permanecían en paz mientras cantaban himnos y oraban. "Respondieron que ningún miembro de su familia tenía miedo de morir", y luego preguntaron si John Wesley sabía, con certeza, que Jesús lo había salvado. Él no tenía esa certeza en ese momento.[100] Fue a partir de aquí que Wesley se enamora de las prácticas de Moravia y finalmente conoce a Jesús. Las descripciones en su diario también muestran tiempos de sanidad, encuentros de poder y otras cosas que algunos podrían llamar carismáticas hoy en día. Wesley tuvo mucha influencia en la Iglesia Anglicana, incluyendo al comerciante de esclavos transformado John Newton, quien escribió la canción "Amazing Grace."[101]

La Iglesia Metodista fue fundada sobre los principios que Wesley aprendió de los Moravos. También es importante señalar que tales movimientos han comenzado con grupos pequeños que oraron y persiguieron la santidad juntos, a través de sus prioridades y forma de vivir, especialmente en el cuidado de los demás, como se describe en las Escrituras.

William Carey fue otro misionero que causó un fuerte impacto en la Missio Dei.[102] Carey era un predicador laico bautista y maestro de escuela a tiempo parcial que reparaba zapatos. Escribió un libro, *An Enquiry into the Obligation of Christians to Use Means for the Conversion of the Heathen* (Una investigación sobre la obligación de los Cristianos a utilizar medios para la conversión de los paganos), donde "utilizar medios" se refería al establecimiento de sociedades misionales: comunidades de hombres (y eventualmente mujeres) estructuradas que creían en el llamado a llevar el Evangelio a otras áreas del mundo. El contenido de su libro se dividió en cuatro partes:

1. Explica que la Gran Comisión era vinculante para todos los Cristianos (esto fue refutado por muchos de sus contemporáneos, que dijeron que Dios puede convertir a las personas sin nuestra ayuda y que no necesitamos participar en esto).

2. Cuenta la historia de las misiones hasta ahora.

3. Proporciona una estimación de la población mundial, los seguidores a otros grupos religiosos y un número estimado de Cristianos e iglesias.

4. Sugiere cómo deben formarse las sociedades/estructuras de la misión.

El movimiento misionero protestante moderno comenzó en 1800 con William Carey. Su libro alentó a muchas personas a formar organizaciones misioneras o grupos pequeños con una misión. Otros jóvenes, entre ellos Samuel Mills, quien formó la Reunión de Oración Haystack, misma que tuvo un gran impacto en China, fueron animados por este libro a ir a otros países donde el Evangelio aún no había sido predicado.

En 1804, Carey y sus asociados formaron una "hermandad" en Serampore, India, compartiendo sus posesiones y viviendo en comunidad. Su pacto contenía once declaraciones de propósito:

1. Establecer un valor infinito a las almas de las personas.

2. Familiarizarse con las trampas que aprisionan la mente de las personas.

3. Abstenerse de lo que profundice los prejuicios contra el Evangelio en la India.

4. Estar atento a cada oportunidad de hacer el bien a la gente.

5. Predicar "Cristo crucificado" como el gran medio de conversión.

6. Estimar y tratar a los hindús como nuestros iguales.

7. Proteger y atender "a aquellos invitados a quienes podemos reunir."

8. Cultivar sus dones espirituales, siempre haciendo énfasis en la obligación misionera, ya que sólo los hindús pueden convertir a la India a Cristo.

9. Trabajar incesantemente en la traducción de la Biblia.

10. Actuar instantáneamente para nutrir la religión personal.

11. Entregarnos sin reservas a la Causa.[103]

Dentro de estos pequeños grupos, Carey deseaba que hubiese un crecimiento espiritual en los miembros, mientras lograba el objetivo de construir una iglesia indígena, una que fuera establecida por miembros locales y nativos, por medio de predicadores nativos que leyeran las Escrituras en la lengua nativa. Carey era único porque confiaba en las estrategias de fabricación de tiendas de campaña, que se discutirán en una sección posterior.

> *El objetivo de construir una iglesia indígena, una que fuera establecida por miembros locales y nativos.*

Fue a través de reuniones de oración de grupos pequeños que el mundo fue revolucionado. El fervor de los que asistieron a estas reuniones influyó en muchos, y el

> *El trabajo de Dios, Missio Dei, no está completo. Es la responsabilidad del pueblo de hoy el cumplir Su llamamiento.*

cristianismo se transformó para siempre debido a sus actos de hoy. Debemos hacer una pausa aquí para reconocer que la obra de Dios, Missio Dei, no está completa. Es la responsabilidad del pueblo de hoy, incluyéndole a usted, el lector, el cumplir Su llamamiento. Esto puede hacerse cuando los Cristianos se reúnen en grupos pequeños con fervor y el deseo de acercarse a Él, lo que sólo puede conducir a la oración. Los Cristianos que se reunieron en grupos pequeños para orar juntos fervientemente han cambiado el mundo, y aún hay más por venir.

Movimiento para grupos pequeños fuera de las estructuras de la Iglesia Moderna - Modalidades y Sodalidades

A lo largo de la historia de la Iglesia, el crecimiento y el renacimiento a menudo ocurrieron fuera de la Iglesia institucional. Por ejemplo, cuando Roma declaró el cristianismo como su religión nacional, se formaron jerarquías y administraciones. No había razón para evangelizar, porque sólo el ser residente de Roma les daba la calidad de Cristianos. Esto también significaba que las personas sentían que eran cristianas al seguir las reglas de la Iglesia Católica Romana, como asistir a misa todos los domingos. El nominalismo abundó (muy similar a la actualidad en los países occidentales, incluyendo los Estados Unidos). Sin embargo, algunas personas sentían que el solo hecho de seguir las reglas no las acercaba a Dios. Así surgieron los monasterios. Los movimientos monásticos han sido monumentales en la transformación de la Iglesia cristiana, incluida la Reforma Protestante.

Paul Pierson dice esto sobre ese tema:

> Históricamente, tenemos que reconocer que la mayoría de los movimientos misionales no se han originado en el centro de la Iglesia institucional. La mayoría, si no todas [las misiones], se han originado en su periferia… A menudo el laico o las mujeres tenían una visión que la Iglesia, en su conjunto, no compartía: Wycliffe, Traductores de la Biblia, YWAM, OMF.[104]

Ralph D. Winter utilizó los términos "modalidad" y "sodalidad" para distinguir entre la iglesia principal y las hermandades que se originaron fuera de la iglesia convencional. En su *Two Structures of God's Redemptive Mission* (Dos estructuras de la misión redentora de Dios), Winter describe la modalidad y la sodalidad. Dice que la modalidad es un "compañerismo estructurada en el que no hay distinción de sexo o edad", y define la sodalidad como un "compañerismo estructurado en el que la membresía implica una segunda decisión adulta que va más allá de la afiliación a la modalidad y está limitada por la edad, el sexo o el estado civil."[105]

Winter proporciona un ejemplo en el que una ciudad es una modalidad y un negocio privado es una sodalidad. Uno pertenece a una ciudad determinada, y la pertenencia a esa ciudad requiere muy poco. Por otro lado, para iniciar un negocio privado se requiere una decisión personal y gran dedicación para mantenerlo en funcionamiento. Del mismo modo, la Iglesia no requiere mucho para que una persona se convierta en miembro; sin embargo, asumir actividades adicionales además de las actividades de la Iglesia dominante requiere decisión personal, determinación y dedicación.

Las misiones eran a menudo dirigidas por la iglesia no dominante. La iglesia principal ha evolucionado a ser más más bien un pastor que cuida de los ya creyentes-Cristianos; es decir, tienen aspectos menos misionales. Pierson afirma que la estructura principal de la iglesia tiene sus funciones, y la "periferia" desempeña un papel importante al incluir tanto las misiones como el mantenimiento de la Iglesia. Esto significa que no se puede afirmar que la iglesia dominante sea más importante o mejor que un ministerio de "periferia" que busca apoyar a la iglesia dominante. Ambos son importantes para el reino de Dios, y ambos conforman la Iglesia universal.

> *Esto significa que no se puede afirmar que la iglesia dominante sea más importante o mejor que un ministerio de "periferia" que busca apoyar a la iglesia dominante. Ambos son importantes para el reino de Dios, y ambos conforman la Iglesia universal.*

Pierson también sugiere rechazar el término "para eclesiástico", ya que connota que las estructuras misionales son "algo menos que la Iglesia."[106] Prayer Tents ha aceptado este término sustituyendo la palabra "para eclesiástico" por "misión", reconociendo su lugar en la Iglesia global.

Cuando se consideran los últimos cien años, es evidente que las hermandades, como Campus Crusade for Christ (ahora CRU), Navigators, Promise Keepers e InterVarsity Christian Fellowship, han transformado el ambiente Cristiano moderno. Algunas de estas sodalidades se enfocaron en la juventud para que los jóvenes pudieran tener la visión de buscar y hacer grandes cosas por Dios. Algunos se centraron en compartir el Evangelio, y otros se centraron en hacer misiones en todo el mundo. Eran tan influyentes que algunos Cristianos podrían pensar que eran parte de la iglesia principal; sin embargo, eran organizaciones misionales que apoyaban a la iglesia. Eran sodalidades, y si no existieran, nuestra iglesia dominante podría no ser la misma que hoy en día.

El llamado actual es que todos los Cristianos participen para apoyar a la Missio Dei. Esto puede ocurrir en entornos de grupos pequeños, a donde las personas llegan con la intención de crecer y acercarse más a Dios. Como resultado de su encuentro por el bien de conocer más a Dios, se da la oración y la ejecución de los planes de Dios.

Los grupos pequeños dentro de la estructura convencional de la iglesia pueden ser limitantes, ya que se puede esperar que lleven a cabo actividades administrativas y/o se sometan al plan de estudios establecido por los líderes. Sin embargo, un grupo pequeño de personas sin tales limitaciones, con la sola determinación propia de perseguir a Dios y hacer su voluntad, pueden autodirigirse en cuanto a lo que necesitan hacer.

> *Los grupos pequeños dentro de una estructura convencional de la iglesia pueden ser limitantes, ya que se puede esperar que lleven a cabo actividades administrativas de la iglesia y/o se sometan al plan de estudios establecido por los líderes de la iglesia.*

Como ejemplo de sodalidad, hay un prometedor grupo pequeño que existe fuera de la estructura de la iglesia local: *Christian Business Men's Connection* o CBMC, por sus siglas en inglés. (Conexión Cristiana de Hombres de Negocios). Empresarios de todo el mundo se reúnen en sus filiales con la intención de crecer personalmente en Cristo, así como para dedicar sus experiencias y circunstancias comerciales a Dios. Más allá de los beneficios que proporcionan a estos hombres Cristianos, también dan la bienvenida a otros empresarios que pueden no ser Cristianos y los llaman a unirse a ellos, ya que comparten sus propias y únicas luchas personales/empresariales. Como resultado de un entorno en el que se crean muchas relaciones, tienen el potencial de llevar el Evangelio a otras personas a las que la iglesia dominante puede no alcanzar.

El CBMC también es único debido a que está muy enfocado en a quién puede llegar. Es sólo para hombres que tengan un negocio o sean profesionales.[107] Tales sodalidades también pueden existir para otros focos de interés, tales como mujeres empleadas, personas de la tercera edad o jóvenes músicos.

El movimiento de grupos pequeños debe ocurrir fuera de la iglesia dominante, con enfoques que puedan atraer a los Cristianos al discipulado, de manera que les permita invitar a los no Cristianos a dialogar con ellos a través del tiempo.

> *El movimiento de grupos pequeños debe ocurrir fuera de la iglesia dominante con enfoques que puedan atraer a los Cristianos al discipulado, de manera que les permita invitar a los no Cristianos a dialogar con ellos a través del tiempo.*

Missio Dei existe dondequiera que estén los Cristianos. Esa es la razón por la que, para el movimiento de grupos pequeños, es importante enfocarse en los intereses de las personas; esto se llama contextualización.

Contextualización: entender a las personas donde están y hablar de una manera que puedan comprender

Podemos encontrar tanto misiones fallidas como exitosas a lo largo de la historia de las misiones. Las misiones exitosas involucran a personas específicas que llegan a conocer a Dios y desean conocerlo más. Las misiones fallidas involucran a personas que a menudo se vieron horrorizadas por Dios y Su pueblo. La historia muestra que las misiones tienen éxito cuando los misioneros contextualizan el medio ambiente y la cultura de las personas a las que desean llegar.

> *La historia muestra que las misiones tienen éxito cuando los misioneros contextualizan el medio ambiente y la cultura de las personas a las que desean llegar.*

Considere la forma en la que hacemos iglesia. Tal vez somos estadounidenses que hemos crecido en entornos eclesiásticos cantando canciones de Chris Tomlin y llevando a cabo estudios bíblicos semanales además de los servicios de adoración del Día del Señor. Si fuéramos a un pueblo diferente al nuestro con la intención de compartir el Evangelio con ellos, ¿declararíamos que no están abiertos a Dios e incluso podríamos afirmar que están en el camino al infierno si no siguen nuestras tradiciones?

Los misioneros verdaderamente exitosos se quedaron voluntariamente y durante mucho tiempo con las personas a las que ministraron, tal vez sin decir una palabra acerca de Jesús. Su intención era aprender la cultura, el idioma y el modo de vida cotidiano de la gente. Si se les hubiese preguntado en los dos primeros años si habían dado algún fruto, tal vez no habrían podido dar una respuesta deseable; sin embargo, a largo plazo, fueron ellos quienes dieron frutos duraderos para la gente de esa región.

Al crecer en una iglesia coreana, pensé que era normal que todas las iglesias tuvieran oraciones matutinas. Cuando los pastores coreanos predican acerca de por qué los Cristianos deben orar por la mañana en la iglesia, generalmente señalan a Marcos 1:35, donde Jesús oró temprano en la mañana. ¿Significa eso que las personas en las iglesias no coreanas que no se reúnen para orar cada mañana están mal, y tal vez encaminándose al infierno? Por supuesto, la respuesta es no; pero el éxito de la iglesia coreana se produjo gracias a los misioneros que se adaptaron fielmente a la cultura coreana a finales del siglo XIX.

Las oraciones matutinas en las iglesias fomentaron un reavivamiento significativo que dio lugar a la conversión de gran parte de la nación de Corea a Cristo, a pesar de que Jesús no fue conocido sino hasta hace apenas un siglo. Sorprendentemente, la iglesia más grande del mundo hoy en día está en Corea.[108] Así que, debido al fruto mostrado aquí, ¿deberían las iglesias de otros países orar por la mañana? La respuesta de nuevo es no. Funcionó para los coreanos debido a su contexto, pero podría no funcionar para otra cultura.

Antes de los movimientos misioneros en Corea, este era un país que adoraba a sus antepasados. Los coreanos estaban fuertemente influenciados por el

> *En lugar de reprender sus prácticas, los misioneros redimieron este hábito cultural al permitir que los nuevos Cristianos siguieran haciendo la misma actividad, pero en su lugar oraron al verdadero Dios que merece adoración.*

chamanismo, el sintoísmo y otras religiones. Los misioneros Cristianos fueron a Corea en el siglo XIX y simplemente observaron los caminos del pueblo coreano en lugar de decirles cómo debían vivir. Una de las actividades clave de muchos coreanos era despertarse temprano en la mañana para reverenciar y dar sacrificios a sus antepasados.[109] En lugar de reprender sus prácticas, los misioneros *redimieron* este hábito cultural al permitir que los nuevos Cristianos siguieran haciendo la misma actividad, pero en su lugar oraron al verdadero Dios, que merece adoración. Corea es un ejemplo de una actividad misionera exitosa, y esto se debe a los grandes misioneros que aprendieron fielmente y se adaptaron al contexto coreano.

Un ejemplo de un esfuerzo misionero fallido es la llegada de los Cristianos provenientes de Europa a los Estados Unidos. Deseaban tener libertad religiosa apartados de la Iglesia Católica, y pensaron que podían enseñar a los lugareños que ya vivían allí con el buen evangelio que tenían.

Los indios americanos valoran la tierra y la comunidad. Algunos inmigrantes Cristianos de Europa pueden haber tenido la intención positiva de compartir el Evangelio, pero quitarles la tierra con la que los indios eran uno y mandar a que adoraran a Dios exactamente como ellos lo hacían creó un obstáculo en la capacidad de los Cristianos para influir en ellos. Este dolor todavía existe en sus corazones hoy en día, y algunas iglesias estadounidenses envían a la gente en misiones para ayudar a los nativos americanos, con la esperanza de ganarse su confianza.

Hay muchos otros ejemplos que muestran que invertir tiempo en las relaciones y conocer a la otra parte resulta en el fruto del evangelismo. Hay dos personajes principales que practicaron la contextualización en aras del evangelismo en la Biblia, Jesús y el apóstol Pablo. Jesús tenía una extraña forma de enseñar. Cuando habló con los judíos, habló de la ley del Tanaj, las Escrituras judías. Cuando habló con una mujer que estaba cansada de obtener agua día tras día bajo el ardiente sol, habló del agua viva. Cuando habló con las multitudes hambrientas, les dio de comer.

> *Hay dos personajes principales que practicaron la contextualización en aras del evangelismo en la Biblia, Jesús y el apóstol Pablo.*

El apóstol Pablo no era diferente. Existen muchos casos en Hechos, pero el caso más claro de contextualización se ve en Hechos 17. Pablo vio el estado politeísta de Atenas. Él había estado hablando con base en su origen judío mientras se dirigía a los ellos, sin embargo, cuando se dirigió al pueblo de Atenas, no habló ese mismo lenguaje. Habló de lo que más les importaba: su orgullo por la religión (Hechos 17:22). Entonces, sin cambiar de tema, señaló a un dios en el que creían y con quien se asociaban: el dios "desconocido." Pablo afirmó que este dios desconocido era el verdadero Dios que está por encima de todos los demás dioses. Se pueden ver más ejemplos de la contextualización de Pablo en los países paganos en su carta a los colosenses, así como en algunas de sus otras cartas.

Se puede ver el éxito de la contextualización en el evangelismo a lo largo de la historia cristiana. George G. Hunter cuenta la historia de cómo Patrick se convirtió en un misionero exitoso para los irlandeses en el siglo VI.[110] A una edad temprana, Patrick fue llevado como esclavo a Irlanda, que entonces era un país pagano. Mientras estaba allí, Patrick llegó a conocer al pueblo de Irlanda, incluyendo su cultura e idioma. Más tarde regresó a Gran Bretaña y se convirtió en sacerdote. Entonces decidió regresar a Irlanda y ministrar a los irlandeses (convirtiéndose en misionero). Su decisión y sus acciones fueron vistas como impensables ya que los Celtas (los irlandeses) eran conocidos por ser bárbaros que no admitían cambios.

Los líderes de la misión en ese momento adoptaron dos objetivos de la misión cristiana: civilizar a las personas y evangelizar, aunque la prioridad de esos objetivos era incierta. Creían que el pueblo debía estar civilizado para entender y aceptar la fe cristiana. Era lo mismo en la época romana y en la época de Patrick. Es decir, muchos creían que se debía forzar a la gente a comportarse de cierta manera, y luego debía enseñárseles a leer y hablar latín, adoptar las costumbres romanas y *hacer* iglesia.

Los irlandeses eran considerados bárbaros por la iglesia romana porque simplemente no los conocían. Aunque la misión de Patrick parecía imposible para los demás, su mayor ventaja era que conocía a los irlandeses: su idioma, cultura, problemas y singularidades.

Patrick era reconocido por sus poderosos encuentros espirituales en las tierras paganas que llevaron a la gente

> *Aunque la misión de Patrick parecía imposible para los demás, su mayor ventaja era que conocía a los irlandeses: su idioma, cultura, problemas y singularidades.*

a la fe. También formó monasterios misionales en la nueva tierra. Irlanda era un país Cristiano en el momento en que él murió. El descendiente espiritual de Patrick, Columba, ministró en Escocia. Gregorio Magno y Agustín ministraron en las Islas Británicas. Columbano ministraba a los francos (predecesores de los franceses), y luego se fue a Italia.[111]

Mientras veían el éxito espiritual, los líderes de la iglesia británica se sintieron ofendidos de que Patrick y sus obispos pasaran gran parte de su tiempo con pecadores y bárbaros, creyendo

> *Los líderes de la Iglesia se sintieron ofendidos de que Patrick y sus obispos pasaran gran parte de su tiempo con paganos, pecadores y bárbaros.*

que la función de un obispo era cuidar del rebaño existente. Esas malas actitudes pueden existir en algunas iglesias incluso hoy en día.[112]

En el siglo XVII, la misión en Japón no tuvo tanto éxito porque los misioneros no hicieron uso de términos sintoístas y budistas conocidos. Por esa razón, Japón se cerró a los misioneros persiguiéndolos y martirizándolos y no les permitió entrar de nuevo durante dos siglos.[113]

También hubo un movimiento por parte de Robert de Nobili para ganarse la casta brahmán en la India. Se convirtió él mismo: un

Brahmin Cristiano. Se vistió de gurú y observó las leyes y costumbres de las castas. Compartió la doctrina cristiana tanto como le fue posible en términos hindúes. Como resultado, tuvo éxito en conquistar los corazones de muchos brahmanes.[114]

En el siglo XVIII, la iglesia de Moravia encabezó una misión para "las personas más despreciadas y descuidadas."[115] También eran autosuficientes. Esto no sólo permitió a los misioneros recaudar fondos, ya que las personas apoyaban sus negocios, sino que también les permitía estar íntimamente conectados con sus vecinos. El uso de negocios para el evangelismo se tratará en la siguiente sección.

Los grupos pequeños no sólo coadyuvan en el crecimiento de los Cristianos, sino que también son una excelente manera de acoger a los nuevos creyentes que estén interesados. Tener

> *Los grupos pequeños dan la bienvenida a los no creyentes que están interesados en aprender acerca de Dios, y pueden ser parte del grupo sin ningún compromiso ni presión respecto al tiempo, y sin que nadie intente obligarlos a creer en Dios. Pueden reunirse como lo hacen los amigos, para hacer preguntas o incluso pidiendo oración, como se desee.*

un interés común como plataforma en grupos pequeños también permite acoger a los no creyentes que están interesados en aprender acerca de Dios, y pueden ser parte del grupo sin ningún compromiso ni presión respecto al tiempo, y sin que nadie intente obligarlos a creer en Dios. Pueden reunirse como lo hacen los amigos, para hacer preguntas o incluso para pedir oración, como deseen. También pueden simplemente observar a los Cristianos mientras pasan por sus actividades de grupo pequeño, tal vez viendo el amor de Jesús en medio de ellos, ya sea que estén orando, leyendo la Biblia o simplemente compartiendo la vida cotidiana.

Uso de modelos de negocio para alcanzar los menos accesibles

Ser propietario de una empresa puede ser otra plataforma de interés común para reunir a personas con mentalidades afines. Tales reuniones se pueden utilizar para el evangelismo, como se

> *Las empresas a menudo apoyan a los barrios en los que se encuentran. Como resultado, los propietarios y empleados tienen un método único para conectarse y relacionarse con los lugareños, especialmente aquellos a quienes las iglesias locales pueden no alcanzar.*

describe en las secciones anteriores. Sin embargo, el negocio es único en el aspecto en el que puede generar fondos para sostener el trabajo de las misiones. Además, las empresas a menudo apoyan a los vecindarios en los que se encuentran. Como resultado, los propietarios y empleados tienen un método único para conectarse y relacionarse con los lugareños, especialmente aquellos a quienes las iglesias locales pueden no alcanzar.

Al apóstol Pablo le llamaban fabricante de tiendas porque se apoyaba económicamente haciendo tiendas de campaña (Hechos 18:3; 20:34).

> *Todos los Cristianos en el mercado son fabricantes de tiendas de campaña.*

Tentmaker o fabricante de tiendas es un término que, en la actualidad, se refiere a las personas que se dedican a la obra de pastor (misionero, evangelista, etc.), pero que también participan en los mercados o comercios. Para algunos, esto podría significar que la persona debe ser un pastor además de ser un empleado o un propietario de un negocio. Sin embargo, todos los Cristianos en el mercado son fabricantes de tiendas, ya que se ganan la vida en el mundo secular mientras sirven a Cristo.

William Carey convivió con la gente en la India y se apoyó económicamente dando clases de sánscrito, el idioma de los lugareños, durante cuarenta años. También estableció el concepto de una caja de ahorros para ayudar a satisfacer las necesidades financieras de la gente. Al mismo tiempo, formó sociedades misionales para difundir el Evangelio. En otras palabras, desempeñó un doble papel: empresario y misionero.

La fabricación de tiendas tiene varios obstáculos que pueden hacer que se convierta en un reto. Debido a que el fabricante de tiendas se enfoca en la construcción de beneficios y la inversión de fondos en su propio negocio, puede haber oposición de miembros menos conocedores de la iglesia que digan que uno debe vivir humildemente y estar menos enfocado en la construcción de la riqueza. Además, es posible que los amigos y la familia no sepan lo que hacen los fabricantes de tiendas de campaña, e incluso pueden tratar de persuadirlos de no continuar. Además, con las enseñanzas e influencias sociales y educativas de personas cercanas a ellos, podría costarles un esfuerzo extra el asegurar que su fundación se construya sobre la Roca y no se oriente hacia el mundo. Mientras se opera un negocio, uno debe asegurarse de vivir y trabajar con el más alto nivel de ética para maximizar su influencia como Cristiano. Gestionar el tiempo entre el trabajo y el ministerio es otro desafío importante.

Patrick Lai enumera siete razones por las que la fabricación de tiendas de campaña falla:

1. Problemas matrimoniales
2. Liderazgo deficiente o falta de liderazgo
3. Expectativas poco realistas
4. Falta de trabajo en equipo
5. Pecados sexuales

6. Financiamientos inadecuados
7. Satanás[116]

Además, afirma: "Entre las principales cualidades de los líderes deficientes están: indecisión, falta de enfoque, visión limitada, falta de voluntad para sacrificarse por su pueblo, desconfianza hacia los trabajadores, falta de capacitación de los demás y orgullo." [117]

Stephen Bailey dice que las misiones comerciales pueden ser honestas ya que "cualquier cosa que hagan los Cristianos, lo hacen para la gloria de Dios." [118] También añade: "pero cuando aceptamos la idea de una vocación cristiana, somos libres de vernos a nosotros mismos como empresarios Cristianos. Estamos en misión porque todos los Cristianos deben estar en misión y vivir de acuerdo con los principios del Reino que requieren que los discípulos de Jesús se preocupen por sus vecinos."[119] Luego pasa a enumerar algunas ventajas y desafíos de los fabricantes de tiendas que se abstraen y se traducen de los escritos de Cyrus Lam:

Ventajas de la fabricación de tiendas:

- Es fácil participar

- Multiplica la mano de obra (puede llenar muchos puestos)

- Abre puertas cerradas (los fabricantes de tiendas tienen acceso a países cerrados)

- Aumenta los canales (diferentes maneras de entrar con el Evangelio)

- Preparación de puentes (cerrar la brecha entre la comunidad y el Evangelio)

- Económico (autoapoyo significa que hay más recursos disponibles para que la Iglesia ayude a los demás)

- Se mantiene la profesión propia
- Hace un impacto visible
- Cumple funciones en las misiones (no sólo espirituales, sino también sociológicas y en desarrollo)

Los problemas con la fabricación de tiendas
- Capacitación insuficiente (debe recibir capacitación teológica temprana)
- El nivel de vida es demasiado alto (los fabricantes de tiendas deben ser conscientes de los demás a los que están sirviendo cuando sus niveles de vida son más altos)
- Recaudar fondos es difícil (no puede mantenerse bien económicamente debido a la falta de tiempo por sus funciones duales como misionero y trabajador, y tal vez incluso por las expectativas del público)
- Responsabilidades dobles
- Falta de hermandad
- Resultados invisibles. Los seguimientos se hacen en secreto, el trabajo personal es difícil
- Mentalidad a corto plazo[120]

La mentalidad de un fabricante de tiendas es un arma valiosa para un Cristiano. Existe la limitación de poder llegar a muchas personas al ser un trabajador Cristiano, como un pastor. Por ejemplo, a un joven que aún no está buscando el crecimiento profesional puede resultarle poco interesante la plática de un pastor que no sea directamente capaz de apoyarlo en sus metas. Los empresarios pueden viajar a muchos lugares del mundo para construir relaciones y contextualizar con los demás más fácilmente que la iglesia institucionalizada. Aquí es donde el concepto de sodalidad muestra su fuerza. Las agencias de misión, incluyendo las empresas de tiendas de campaña, son sodalidades que pueden

> *Los empresarios pueden viajar a muchos lugares del mundo para construir relaciones y contextualizar con los demás más fácilmente que la iglesia institucionalizada*

cumplir con el llamado de la Gran Comisión con el que la iglesia principal no puede.

Lo que esto significa es que la iglesia debe alentar a las personas en el mercado y animarlos a construir beneficios para el reino de Dios enseñándoles humildad y a que ayuden a los necesitados, pero compartiendo los beneficios que el apóstol Pablo pudo lograr al trabajar con sus manos y morando con personas de diferentes culturas para sociabilizar con ellos en su lugar de origen.

Al concluir esta sección, consideremos los grandes riesgos que implica la fabricación de tiendas y que la Iglesia debería reconocer y apoyar. Patrick Lai habla de una persona que dejaría su trabajo de ingreso estable para enfocarse en el trabajo misional. Asumiría el riesgo de no tener ningún sueldo mientras estudiaba lengua y cultura para poder iniciar un negocio en otro país. Puede ir a ese país sabiendo que después de gastar mucho tiempo y dinero, el gobierno puede decidir cerrar el negocio por completo por razones políticas fuera de su control.

Teología de la contextualización

Grenz y Olson escriben que cualquiera que tenga una cierta visión sobre Dios y se cuestione los grandes misterios de la vida es un teólogo. Todas las personas buscan la verdad sobre sus suposiciones y comprensión de Dios y, por lo tanto, todo el mundo es un teólogo, aunque no tengan la teología correcta.[121] La teología es simplemente un entendimiento humano sobre Dios.

> *Todo el mundo es un teólogo, a pesar de que podría no tener la teología correcta.*

La teología se hizo importante porque, a la luz de las Escrituras, existían muchas teologías incorrectas (falsas), no sólo en la actualidad, sino incluso en los tiempos de los Primeros Padres de la Iglesia.[122] Grenz y Olson escriben que la tarea crítica de un Cristiano con respecto a la teología es "examinar las creencias y enseñanzas sobre Dios, nosotros mismos y el mundo a la luz de las fuentes Cristianas, especialmente la norma principal del mensaje bíblico."[123]

La segunda tarea crítica es "establecer la unidad y coherencia de la enseñanza bíblica sobre Dios, nosotros mismos y el mundo en el *Contexto* en el que Dios nos llama a ser

> *La teología que se necesita en la actualidad es la que es verdaderamente bíblicas, completamente cristiana y totalmente relevante.*

discípulos" (con énfasis añadido).[124] Resumen que la teología necesaria en la actualidad es la que es "verdaderamente bíblica, completamente cristiana y totalmente relevante."[125]

La relevancia se refiere a la contextualización. Grenz y Olson continúan diciendo que la Escritura y el patrimonio (historia) son las dos herramientas principales de la teología, y de esas dos herramientas debemos derivar mensajes que hablen del contexto de nuestros tiempos actuales, la localidad y la cultura.[126] También subrayan que el mensaje debe ser comprensible para las personas y debe mantenerse relevante, conversando de los problemas actuales, los anhelos y el espíritu de la cultura contemporánea. Además, el mensaje debe tomar en serio los descubrimientos contemporáneos y las ideas de diversas disciplinas del aprendizaje humano, ya que "toda verdad es la verdad de Dios."[127]

> *El mensaje debe ser comprensible para las personas y debe mantenerse relevante, conversar de los problemas actuales, los anhelos y el espíritu de la cultura contemporánea.*

Para contextualizar la teología, Grenz y Olson sugieren comenzar con la cultura en lugar de con la Biblia. Explican que la contextualización se produce:

> "...observando a las personas que nos rodean, escuchando sus conversaciones, manteniéndose al día con las noticias, tomando conciencia de las expresiones culturales de una búsqueda espiritual más profunda, siguiendo los desarrollos intelectuales, e incluso estudiando la filosofía. Observamos y escuchamos para discernir las preguntas y preocupaciones de los hombres y mujeres contemporáneos. Después de haber descubierto esto, volvemos a la Biblia para obtener una respuesta. Llevamos nuestra cultura con nosotros a los textos. Leemos las Escrituras preguntando:", "¿Cómo proporciona la Biblia respuestas a las preguntas que la gente se formula en la actualidad?"[128]

Afirman que esta es la manera exacta en la que aparece en las Escrituras, señalando el modelo de ministerio de Jesús a la mujer

> *La buena teología siempre afecta la vida, refiriéndose a que debe tener la capacidad de cubrir sus necesidades y anhelos.*

samaritana y a Nicodemo. También mencionan que una buena teología siempre afecta la vida, refiriéndose a que debe tener la capacidad de cubrir sus necesidades y anhelos.[129]

La teología contextualizada se denomina teología local. Es una "interacción dinámica entre el Evangelio, la iglesia y la cultura."[130] Es local porque esa teología sólo funciona para personas de esa ubicación y cultura específicas. Por ejemplo, la teología occidental se había desarrollado durante siglos con la idea de que sería utilizable en otros países, pero resulta estar socialmente sesgada.[131] De hecho, muchas teologías populares son teologías locales. Por ejemplo, la teología de la liberación es una teología local, o contextualizada, que funciona para la gente en América Latina debido a la opresión que experimentan.[132] No puede aplicarse la misma teología a aquellos que viven en los Estados Unidos ya que, generalmente, no experimentan la misma opresión.

¿Por qué se siguen desarrollando nuevas teologías como la teología de la prosperidad, la teología de la iglesia emergente y la teología negra? Esto se debe a que las preguntas contextuales del área local no encontraron respuestas en las teologías tradicionales o existentes. Por ejemplo, ¿cómo podría llevarse a cabo la Eucaristía si el vino no está disponible en regiones específicas? ¿O cómo se bautizaría a alguien al verter agua sobre su cabeza si en ciertas regiones eso es considerado como una maldición de infertilidad? La teología tradicional no sería capaz de responder a estas preguntas, por lo que se forman nuevas teologías.[133]

Para construir teologías contextualizadas (locales), uno debe incluir a *todas* las personas. La contextualización no la realizan los teólogos especialmente capacitados, ni los líderes eclesiásticos; todos deben ser incluidos en la creación de la teología unificada.[134] Los problemas comunes que las personas

> *La contextualización no la realizan los teólogos especialmente capacitados, ni los líderes eclesiásticos; todo el mundo debe ser incluido en la creación de la teología unificada.*

enfrentan todos los días pueden responderse a la luz del Evangelio gracias a la contextualización.

Pablo usa una estrategia de "sí, pero" para responder a la pregunta sobre el ofrecer alimentos a los dioses paganos. También adopta y redefine términos clave que los corintios utilizaban a menudo, como "conocimiento", "derecho", "conciencia" y "débil." Pablo también redefine el conocido *Shema* basado en Deuteronomio 6 —que hay un solo Dios— y lo reinterpreta cristológicamente: Pero para *nosotros, hay un Dios, el Padre, por quien todas las cosas fueron creadas y para quien vivimos. Y hay un Señor, Jesucristo, por medio del cual todas las cosas fueron creadas, y por medio del cual vivimos* (1 Corintios 8:6).

Stephen Bevans está de acuerdo en que contextualizar no está en los "límites" de la teología, sino que está en el centro.[135] Propone seis modelos de teología contextual: Antropológico, Trascendental, Praxis, Sintético, Traslacional y Contracultural.

- El Modelo Antropológico es "la preservación de la identidad cristiana mientras se intenta comprender seriamente la cultura, el cambio social y la historia."[136] En otras palabras, comienza con el enfoque en el *antropos*, o humano. El Modelo Antropológico es valioso porque "la revelación no es esencialmente un mensaje, sino el resultado de un encuentro con el poder amoroso y sanador de Dios en medio de la ordenación de la vida."[137] También inicia dependiendo en dónde esté cada individuo. Sin embargo, existe un mayor riesgo de caer en el romanticismo humano/cultural. Ejemplos del Modelo Antropológico son la Teología de la Liberación y el Evangelio Desnudo.

- El Modelo Trascendental se basa en el pensamiento de que uno no puede entender sin realizar un cambio completo de opinión. El pensamiento no comienza desde el Evangelio ni por el contenido de la tradición, sino por el pueblo, desde el propio contexto. El Modelo Trascendental es una teología contextual que captura la experiencia del pasado (Escritura y tradición) y la experiencia del presente (experiencia, cultura, ubicación y cambio social).[138]

- El modelo Praxis es un método de mejora continua que se inicia con una pequeña acción. Es circular: comienza con alguna acción específica, y luego se reflexiona sobre la acción y/o los resultados de esa acción con las Escrituras, la oración, etc. Entonces esa misma acción se toma de nuevo, pero con mayor refinamiento. El Modelo Praxis se centra en las revelaciones de Dios ahora (recientes). También se puede llamar "teología situacional." Bevans parece enfatizar esto como la mejor manera de hacer teología contextual, ya que afirma que el Modelo Praxis "promete ser uno de los más poderosos."[139]

- El modelo sintético se refiere a la síntesis de todos los modelos examinados. Intenta preservar la importancia del mensaje del Evangelio y el patrimonio de las formulaciones doctrinales tradicionales, al mismo tiempo que considera los contextos actuales. Un ejemplo serían las actividades teológicas de José M. de Mesa. Era un académico doctorado que no estableció ningún método teológico en particular; en cambio, propuso métodos académicos, pero continuó estudiando el contexto actual utilizando otros métodos teológicos.[140]

- El Modelo Traslacional comienza con la comprensión del mensaje principal de las Escrituras, y luego la retransmisión de ese mensaje al oyente, de una manera significativa. Un ejemplo del Modelo Traslacional es David Hesselgrave quien llega con un nuevo tratado para los lectores chinos en lugar de traducir el inglés directamente al chino (lo que habría preservado la comprensión cultural inglesa). El nuevo tratado para los chinos sería culturalmente apropiado para la gente de la cultura china.[141]

- El modelo Contracultural tiene un nombre erróneo, ya que no se opone a la cultura existente. La cultura en sí no es malvada, y su intención sería ser lo más atractiva y relevante posible; sin embargo, el Evangelio necesita desafiar y purificar el contexto para que el Evangelio se arraigue verdaderamente en el contexto de las personas. Bevans afirma que este modelo es el más contextual mientras conserva la fidelidad al Evangelio.[142]

Por lo tanto, la buena teología se contextualiza a las personas locales o similares, y transforma sus vidas.[143] Es por eso por lo que es importante agrupar a personas con mentalidades afines, o enfocadas a cosas similares, para que "teologicen" juntos. Los grupos pequeños basados en intereses similares se discutirán en la siguiente sección.

La teología correcta se vive, llevando a Dios a nuestras vidas, juntos y en la comunidad, tal como somos. Osias Segura-Guzmán dice esto sobre la buena teología:

> *La teología correcta consiste en vivirla y llevar nuestras vidas a Dios juntos en comunidad tal como somos.*

> La buena teología y su aplicación, la praxis cristiana, tiene que comenzar con una comunidad de creyentes que relacionan sus experiencias y luchas con las Escrituras, reflexionando sobre ellas y purificando esa reflexión, todo con el propósito del crecimiento espiritual y la transformación social. Esa debe ser la tarea de una iglesia local, donde el grupo de personas pueda hablar de Dios y con él, llevándolo a sus luchas diarias,

escuchándolo y escuchándose los unos a los otros, y llevando esta reflexión al contexto en el que viven.[144]

Grupos Pequeños basados en intereses

Una manera en la que los Cristianos pueden cumplir el llamado de la Gran Comisión es formar sodalidades que sean capaces de contextualizar y formar relaciones potencialmente a largo plazo con vecinos que sean similares entre sí. Además, los Cristianos sólo pueden hacer discípulos si son discípulos ellos mismos, si son personas que crecen diariamente en Cristo, juntos, en comunidad. Tal como Jesús y Sus discípulos demostraron, la formación de grupos pequeños es una plataforma ideal para el discipulado.

La iglesia local puede no ser capaz de atraer a la gente ajena a la iglesia debido a una afiliación religiosa predominante. Con el fin de satisfacer las

> *Puede que, con el fin de satisfacer las necesidades, deseos y actividades únicas de las personas, se necesiten pequeños grupos basados en intereses fuera de las estructuras de la iglesia.*

necesidades, deseos y actividades únicas de las personas, pueden ser necesarios los grupos pequeños basados en intereses ajenos a las estructuras de la iglesia.

Utilizando la información que hemos revisado hasta ahora, aquí hay una definición útil de grupos pequeños: *Un grupo pequeño es autodirigido y consiste en tres o más Cristianos similares en proximidad que personalmente buscan acercarse a Cristo y están dispuestos a compartir sus vidas juntos.*

Cuando la membresía del grupo alcanza alrededor de diez, debe considerar dividirse para mantener un tamaño reducido. La razón de la necesidad absoluta de mantener un número pequeño es garantizar el pleno compromiso y participación de todos los miembros. Además, cuando los aún no creyentes participan en el grupo, requieren un ambiente donde puedan expresarse libremente y hacer cualquier pregunta que deseen. Un grupo más grande intimidaría al recién llegado y haría que pensara que tal vez debe permanecer en silencio y permitir que otros hablen.

Para ver un ejemplo de grupos pequeños que tuvieron éxito enfocándose en intereses, experiencias y similitudes, retrocedamos en el tiempo hasta el siglo XIX. Los misioneros de esa época eran evangelistas de corazón. Pasaban mucho tiempo salvando almas a través de relaciones y abriendo iglesias con personas similares. A medida que lo hacían, empezó a formarse la especialización en las misiones.

Las misiones médicas (a veces conocidas como "Angels of Mercy" o Ángeles de Misericordia) eran una especialidad. Un ejemplo es Wilfred Grenfell, un médico misionero de Labrador. Otro es John Scudder, un médico que sirvió en la India con su familia. Tuvo más hijos en la India, incluyendo a Ida Scudder. Ida construyó una escuela de enfermería para mujeres y recaudó fondos para satisfacer las necesidades del ministerio. Otro ejemplo es Carl Becker, quien recibió su educación médica en Estados Unidos y se convirtió en un misionero médico en África. Una tribu africana compuesta por pigmeos llegó a confiar en los misioneros, superando su desconfianza inicial, debido a la capacidad de los misioneros para tratar heridas y cuidar de ellos.[145] Aunque cada una de estas misiones respectivas ha crecido en tamaño con el tiempo, fueron los grupos pequeños los que permitieron el crecimiento.

Otras especialidades incluyen aquellas que se centran en traducciones de la Biblia, como el Summer Institute of Linguistics, Wycliffe Bible Translators, y operadores de radio como Clarence W. Jones. Los aviadores formaron la Misión de Aviación (MAF) para ayudar a los misioneros a viajar a grandes distancias, especialmente sobre pantanos llenos de enfermedades mortales y criaturas peligrosas. Betty Greene, quien sirvió con las Mujeres Pilotos del Servicio de la Fuerza Aérea durante la Segunda Guerra Mundial, fue una de las fundadoras de MAF. Nate Saint fue uno de los pilotos, y finalmente fueron martirizados por los miembros de la tribu Auca en 1956.[146]

Aunque los anteriores son sólo algunos ejemplos de grupos enfocados en la misión, nos muestran que, cuando los Cristianos se reúnen para el bien común basándose en sus intereses, experiencias y similitudes, pueden hacer grandes cosas al servir a Cristo.

> *Cuando los Cristianos se reúnen para el bien común, basándose en sus intereses, experiencias y similitudes, pueden hacer grandes cosas al servir a Cristo.*

Combinando la capacidad de hacer grandes cosas juntos, la capacidad de crecer individualmente como Cristianos, y el deseo de hacer discípulos de personas similares a ellos, los grupos pequeños pueden ser utilizados por Dios de una forma poderosa. Como recordatorio, los grandes actos de Dios a menudo han sido accionados por las oraciones de grupos pequeños. Anhelo ver una explosión de estos grupos pequeños dando a conocer el nombre de Dios por lo que Él logre a través de ellos. Las iglesias locales deben celebrar las diferencias de las personas y sus llamamientos y alentarlos a conectarse con otras personas que tengan intereses similares, incluso fuera de sus iglesias.

La confianza en el Espíritu Santo para hacer cosas poderosas a través de grupos pequeños

Después de estudiar a Isaías 54:2–3, William Carey formuló este famoso lema misionero que persiste aún hasta hoy: "Espera grandes cosas en Dios; intenta grandes cosas en Dios."[147] Los grupos pequeños unidos tienen la capacidad de esperar e intentar grandes cosas en Dios.

> *Los grupos pequeños unidos tienen la capacidad esperar e intentar grandes cosas en Dios.*

En estos tiempos y especialmente refiriéndose a los habitantes de los países occidentales, muchas personas confían en los cimientos de la ciencia. Paul A. Pomerville nos dice que la razón por la que parece haber tal "distanciamiento del cristianismo occidental y el Espíritu" es porque la gente ha cambiado al escolasticismo y la disculpa.[148]

Timothy C. Tennent está de acuerdo en que el pensamiento occidentalizado no reconoce que Dios puede sanar y hacer milagros. Las iglesias impulsadas por el consumidor hoy en día están siguiendo modelos de negocio en la sociedad capitalista. La iglesia antigua privatizó la salvación y "dio a la iglesia un mero papel instrumental" donde debemos "simplemente mirar hacia atrás y contar al mundo lo que sucedió en la cruz y en la resurrección." Sin embargo, debemos reconocer que no terminó allí, sino que "continúa desarrollándose a través de las iniciativas de Dios en Pentecostés"[149] y en el movimiento del Espíritu Santo. Paul Pierson afirma: "La teología de las iglesias no occidentales, con raras excepciones, es sólidamente evangélica. A menudo muestran mayor vitalidad espiritual y celo evangelístico que Occidente. En muchos casos, su vida de oración es más profunda y esperan que Dios trabaje con gran poder."[150]

Para que los países occidentales experimenten el renacimiento, los Cristianos necesitan confiar menos en las promesas del mundo, incluyendo el empleo, la tecnología y el dinero; en cambio, necesitan confiar en el Espíritu Santo para que cada reunión de la iglesia conlleve a una explosión de testimonios de lo que Dios está haciendo. Pierson nos recuerda que confiar en el Espíritu Santo significa estar abierto a ir más allá de lo que es seguro y normal:

> No creo que Dios esté preocupado por crear nuevos Cristianos, hermosos y brillantes y que nunca se ensucien. Eso sería como comprar un coche nuevo y guardarlo de forma segura en el garaje donde no se dañaría nunca. Creo que la persona que está llena del Espíritu Santo y que sigue Su guía a menudo se verá magullada y maltratada. Puede que no siempre sea el tipo de persona que se levante en cada reunión para dar un testimonio triunfal de lo maravillosas que son las cosas.[151]

Muchos predicadores han hablado acerca de volver a algo parecido a la primera iglesia, y a menudo señalan el segundo capítulo de Hechos. Sin embargo, muchos olvidan que esta iglesia se formó a partir de grupos pequeños que compartían todo y cuyos miembros tenían hambre de la Palabra de Dios, la oración y la comunión. Pierson dice: "La misión cristiana sigue siendo la misma, pero nuestro contexto es muy diferente al de Zinzendorf, Carey o Hudson Taylor. Ese hecho nos hace pensar en la sensibilidad de cada cultura, nuestra dedicación al pensamiento profundo y la apertura a la creatividad del Espíritu Santo."[152] Creo que Dios puede hacer grandes cosas a través de grupos pequeños que se hayan formado con base en sus intereses, estén descentralizados de la iglesia local y puedan recibir a cualquier persona que esté interesada en aprender acerca de Dios. La Gran Comisión se cumplirá en muchos lugares del mundo, haciendo discípulos a medida que los mismos Cristianos maduran en su caminar con Dios.

Reflexiones para grupos pequeños

1. ¿Cómo se convierte usted en *todas las cosas para todas las personas* por el bien de ganarlas a Cristo?

2. Patrick fue un misionero eficaz para los irlandeses porque conocía su cultura e idioma. ¿A quién podría usted un ministrar de manera eficaz con base en el contexto que Dios le ha dado?

3. ¿Cómo cree usted que Dios le ha preparado para que cumpla Su altísimo llamamiento?

Capítulo Seis

Nuestro Altísimo Llamado es el Amor

"Debes amar al Señor tu Dios con todo tu corazón, toda tu alma y toda tu mente." Este es el primer y más grande mandamiento. El segundo es igualmente importante: "Ama a tu prójimo como a ti mismo." Toda la ley y todas las peticiones de los profetas se basan en estos dos mandamientos.

—Jesús[153]

El amor siempre ha sido el llamamiento más alto; no lo sustituyan por nada menos.

Cuando el público piensa en los conceptos de amor, las relaciones y la comunidad, no es en la iglesia en la que pensamos primero. Eso no es bueno, porque estos son los valores más altos de un seguidor de Jesús.

Muchas iglesias hablan actualmente de tener una relación con Dios, sin embargo, vivimos en un mundo donde las personas ya no reconocen lo que significa tener una relación. La generación más joven (a menudo etiquetada como Generación Z) tiene muchas distracciones (medios sociales, juegos y otros tipos de mercadotecnia de tipo individual) que podrían

> *Cuando el público piensa en los conceptos de amor, las relaciones y la comunidad, no es la iglesia en la que pensamos primero.*

impedirles saber cómo funciona una relación. Sus conexiones con la gente son generalmente cortas y esporádicas. Las generaciones mayores (usualmente etiquetadas como Milenials o Generación X/Y) tienen relaciones que son a menudo una combinación entre estar permanentemente ocupados y vivir un estilo de vida tipo Facebook; es decir, sólo presentan los aspectos positivos de la vida, manteniendo oculta cualquier cosa que pudiera crearles un mal aspecto. Como resultado, sus relaciones son superficiales y tienen pocos ejemplos de relaciones fuertes.

Además, los ocupados padres de esta generación son incapaces de tener relaciones reales con sus hijos en crecimiento, lo que lleva a que la próxima generación considere las relaciones como menos significativas. Esto también se agrava con las altas tasas de divorcio (alrededor del 50 por ciento) que llevan a los niños a considerar que las relaciones reales son poco fiables, no comprometidas y que carecen de importancia.

> *Los niños pueden considerar que las relaciones reales son poco fiables, no comprometidas y poco importantes.*

No se puede lograr una relación estrecha con Dios cuando no tenemos un marco de comparación en cuanto a cómo es una relación. Dios nos ha dado padres y vecinos para que podamos entender cómo es una relación real con Dios (véanse Mateo 22:37–40; Mateo 25:31–46). No podemos amar a Dios sin entender cómo debemos amar a los demás. Al amar a los demás, o al tener una relación con ellos, podemos amar a Dios y estar en relación con Él.

> *No Podemos amar a Dios sin entender cómo debemos amar a los demás.*

En esta época moderna, algunas iglesias tienen grupos pequeños, pero a menudo se reúnen por una razón diferente a la de por qué realmente deberían hacerlo. Pueden tener el mandato de reunirse una vez al mes, y a menudo la reunión se lleva a cabo como una tarea empresarial para comprobar y mostrar que lo han hecho. Sin embargo, los grupos pequeños deberían estar formados por personas que se reúnen sin prisas ni límites de tiempo, ya sea que tengan cosas que decir o no, si están pasando por buenos momentos o malos, simplemente para conectarse y estar allí el uno para el otro.

Además, debido a esta época de relaciones a través de redes sociales, muchas personas no saben lo que está pasando realmente en la vida de otras personas. Más bien, a menudo permanecen a nivel superficial, como si simplemente preguntaran: "¿Cómo estás?" a lo que se responde de igual forma: "Estoy bien." Eso a menudo no difiere en las comunidades eclesiásticas.

Esto también se combina con peticiones superficiales de oración. Cuando se les solicita oración, muchas personas solo proporcionan peticiones impersonales, como pedir a otros que oren por la madre enferma de su amigo.

Como Cristianos, Dios nos llama a hacer grandes cosas, y tendremos luchas, obstáculos, largas esperas y la necesidad de experimentar los avances y milagros de Dios donde debemos permanecer unidos y animarnos unos a otros.

Como Cristianos, Dios nos llama a hacer grandes cosas y se nos presentarán luchas y obstáculos, y la necesidad de experimentar los avances y milagros de Dios, debiendo permanecer unidos, animándonos unos a otros. Sin embargo, esto no es evidente en los grupos pequeños que han sido modelados según nuestra cultura actual. Esta es una de las razones por las que la Iglesia carece de poder y no es reconocida por sus capacidades de amor, unidad, relaciones o comunidad

¿Cómo debería ser un grupo pequeño?

Un verdadero grupo pequeño es un grupo de personas que sostienen relaciones entre sí, apoyándose mutuamente para permanecer en relación con Dios. A través de su profunda relación entre ellos, pueden ver y valorar su relación con Dios. No se esconden, como podemos querer hacerlo cuando nuestro estado emocional no es el más positivo, y cuando están bien, se presentan para apoyarse unos a otros. Como en cualquier relación fuerte, los miembros aparecerán incluso cuando no tengan nada nuevo de que hablar, y se apoyarán mutuamente en el llamado de su vida.

> *Un verdadero grupo pequeño es un grupo de personas que sostienen relaciones entre sí, apoyándose mutuamente para permanecer en relación con Dios.*

Un verdadero grupo pequeño consiste en personas que no sólo tienen reuniones programadas regularmente, sino que continúan hablando entre sí por teléfono o se reúnen para almorzar fuera de las reuniones formales. Esto significa disponibilidad uno a uno, incluso durante las ocupadas horas de trabajo de hoy en día. Es una amistad colectiva como la que podrían haber tenido cuando eran niños y estaban menos ocupados. Se requiere estar disponible en cualquier momento para un discípulo de Jesús.

> *Como en cualquier relación fuerte, los miembros aparecerán incluso cuando no tengan nada nuevo de que hablar, y se apoyarán mutuamente en el llamado de su vida.*

Tenga en cuenta que nuestra capacidad de estar disponibles para los demás también muestra cuán disponibles estamos para Dios. Cuando nos apresuramos durante todo el día para culminar nuestras tareas y no nos hemos detenido para entablar una relación con los demás, probablemente tampoco nos detuvimos a pedirle guía a Dios cuando tomábamos nuestras decisiones más importantes.

Un grupo pequeño es donde aprendemos a ser discípulos de Jesús para que podamos hacer discípulos de los demás. No podemos hacer nuevos discípulos cuando no sabemos cómo ser discípulos de Jesús nosotros mismos. Jesús hizo discípulos formando un grupo pequeño, y fue a través de grupos pequeños que la Iglesia Primitiva hizo discípulos.

Debemos reconocer que la iglesia ha cambiado sus métodos de operación desde la nacionalización romana de la "religión" en el siglo III. Los cambios continuaron siguiendo las tendencias culturales, incluyendo la del pensamiento capitalista actual. Para el público, muchas iglesias ahora funcionan como una actividad a la que se va semanalmente en la mente, y a veces esto es así incluso para el clero, quien ve su rol como un trabajo.

> *Para el público, muchas iglesias ahora funcionan como una actividad a la que se va semanalmente en la mente, y a veces esto es así incluso para el clero, quien ve su rol como un trabajo.*

Incluso algunos llamados Cristianos ven un servicio o evento de la iglesia como una actividad que hay que programar y a la que asistirían si no hay otros eventos conflictivos. Para ellos, *ser* la iglesia o ser la sal y la luz del mundo no es realmente una forma de vida (Mateo 5:13–16; véase también el capítulo 1 de este libro para comprender la intención de Jesús con respecto a Mateo 28:19, que es *vivir* la vida de discipulado).

Un experimento, para ver lo que una persona sin iglesia que busca a Dios podría experimentar

En el 2015 hice un experimento, cuando me mudé a una nueva área donde no conocía a mucha gente. Busqué diez iglesias locales y traté de asistir a sus servicios, ya sea los servicios de los miércoles, los servicios de los viernes, los servicios del Día del Señor o los estudios bíblicos. Durante este experimento, traté de inferir lo que una persona sin iglesia que estaba tratando de saber si Dios podía ayudarlos con sus problemas podría experimentar si buscaban a la Iglesia cristiana para encontrar a Dios.[154]

El desafortunado resultado fue que ocho de las diez iglesias ni siquiera se enteraron de que yo estaba allí. Asistí a una mezcla de iglesias coreanas y no coreanas, y a menudo terminé sentado solo en un banco. A menudo nadie me hablaba ni me mostraba amor. Así es como las personas sin iglesia deben sentirse cuando tratan de tender la mano a los Cristianos para preguntar acerca del Dios al que sirven, y eso si los Cristianos siquiera se anuncian como seguidores de Jesús.

La peor experiencia que tuve en una de estas iglesias fue cuando un pastor me acompañó para que abandonara la iglesia mientras me ofrecía sus bendiciones. (Eso me recordó a Santiago 2:16). Esa fue una iglesia a la que un vecino me invitó a unirme. Visité el sitio web de la iglesia y vi que tenían un estudio bíblico el miércoles por la noche a las 7:00 p.m., y decidí asistir. Cuando entré en la iglesia, vi lo que parecía ser un evento emocionante llevándose a cabo en el santuario principal, y me pregunté si ahí era donde se llevaría a cabo la reunión.

Vi el rótulo de la oficina del pastor encargado, y como la puerta estaba ligeramente abierta, logré ver que estaba dentro. Toqué y me presenté como alguien que visitaba la iglesia por primera vez y le dije que había visto información en su sitio web sobre una reunión que tendría lugar esa noche. Me sorprendieron los siguientes pasos, de los cuales me percaté hasta cuando ya iba conduciendo de vuelta a casa.

Mencionó que el sitio web no se había actualizado durante mucho tiempo y que no había ninguna reunión. Dijo que los servicios regulares de adoración tenían lugar en otras fechas y que debería volver entonces, y todo esto sucedió mientras me llevaba a mi auto. Pregunté sobre la música y las actividades que estaban teniendo lugar en ese momento en el santuario principal, y me dijo que algunos líderes de la iglesia habían finalizado una capacitación especial y estaban celebrando.

Para muchas personas "iglesiadas", tales escenarios pueden ser vistos y descartados como algo que puede suceder fácilmente. Sin embargo, cuando se considera desde la perspectiva de una persona sin iglesia, a quien Jesús llama la oveja perdida, donde se pueden dejar solas a noventa y nueve ovejas para ir tras la perdida (Mateo 18:12–14), esa "una" acaba de ser rechazada. Esa "una" puede haber llegado con el deseo de saber si Dios existe y si estará allí para apoyarle en las luchas de su vida, preguntándose si podrá encontrarse con Dios y llegar a conocerlo en una iglesia. Sin embargo, los Cristianos a menudo no están disponibles cuando esas personas acuden buscando a Dios.

> *Alguien puede haber asistido con el deseo de saber si Dios existe y si estará allí para ellos en las luchas de su vida, preguntándose si podrá encontrarse con Dios y llegar a conocerlo en una iglesia. Sin embargo, los Cristianos a menudo no están disponibles cuando esas personas acuden buscando a Dios.*

Además, los tiempos de reunión que se ponen a disposición del público son a menudo horas de servicio, que generalmente están orientadas a aquellos que ya son creyentes, para que adoren a Dios en conjunto. Sin embargo, una persona sin iglesia que viene a estas conversaciones unidireccionales (sentarse en un banco y escuchar al orador), puede no recibir la relación, el amor y/o respuestas a las preguntas que pueden estar buscando.

> *Sin embargo, una persona sin iglesia que viene a estas conversaciones unidireccionales puede no recibir la relación, el amor y/o respuestas a las preguntas que está buscando.*

Más bien, son los grupos pequeños, donde los Cristianos ya practican el amor con cierta profundidad y viven un mejor ejemplo de lo que deben ser las relaciones, los que deben ser promovidos y anunciados por la iglesia como una manera de invitar a aquellos nuevos miembros que están interesados. En un grupo pequeño, la persona interesada puede simplemente observar a través del tiempo, viendo el amor de Cristo y llegando a conocer y experimentar a Dios. Esto va en contra de las opiniones evangelísticas de hoy en día donde los Cristianos salen a los supermercados y comparten el mensaje del Evangelio, esperando que la persona crea en ese momento y allí mismo (véase el capítulo 4 sobre el evangelismo histórico para más detalles).

En este capítulo, el objetivo es mostrar bíblicamente que el amor es el llamamiento más alto para los Cristianos. Esto va más allá del "adorar." Se trata de amar a Dios y amar a los demás, y vivir bajo esos principios durante toda nuestra vida. Observamos principalmente 2 Pedro 1:5–9, 1 Juan 4:7–8 y 1 Corintios 13. Los dos primeros dicen que el amor es el mayor llamado para los Cristianos, mientras que el último pasaje explica cómo podemos ejemplificar esto en nuestras vidas.

2 Pedro 1:5–9: Nuestro llamamiento más alto es el amor

> *En vista de todo esto, esfuércense al máximo por responder a las promesas de Dios complementando su fe con una abundante provisión de excelencia moral; la excelencia moral, con*

conocimiento; el conocimiento, con control propio; el control propio, con perseverancia; la perseverancia, con sumisión a Dios; la sumisión a Dios, con afecto fraternal, y el afecto fraternal, con amor por todos. Cuanto más crezcan de esta manera, más productivos y útiles serán en el conocimiento de nuestro Señor Jesucristo.

2 Pedro 1:5–9

¿Cuál considera que es el ídolo cultural de hoy? ¿Qué idolatran muchas personas hoy en día? Para darle una pista, ¿cómo responden muchas personas cuando pregunta, "¿Cómo está?" La respuesta que escucho mucho hoy en día es, "He estado ocupado", o "tengo muchas cosas por hacer." Ciertamente hay respuestas como, "Estoy bien", pero por lo general se dan simplemente para eliminar la necesidad de ahondar en el tema, o para poder alejarse de prisa y volver al "trabajo." La respuesta es: *el ajetreo.*

Es este ídolo del ajetreo es el que impide que las personas estén disponibles la una para la otra, o disponibles para Dios. Incluso mata la capacidad de formar relaciones entre sí y con Dios. El ajetreo que tiene prioridad sobre uno, sobre los otros y sobre Dios, es a lo que llamamos ídolo.

> *Es este ídolo del ajetreo lo que impide que las personas estén disponibles la una para la otra, o disponibles para Dios.*

Muchos de los llamados Cristianos no son diferentes en este aspecto, y nos preguntamos cómo la Iglesia difiere del mundo cuando lo que hace es simplemente seguir los tiempos cambiantes. Estamos llamados a ser santos, como Dios es santo; es decir, estamos llamados a ser diferentes, como Él es diferente (1 Pedro 1:14–16; Efesios 5:1). Como Cristianos, nuestro llamado en el ajetreado mundo de hoy es estar disponibles para Dios y para los demás. Así es como la gente sabrá que somos discípulos de Jesús. Ellos lo sabrán debido a nuestra capacidad de amar, porque tenemos una relación con Dios que somos capaces de mostrar a los demás (Juan 13:35).

Pedro lo deja claro en este pasaje. Comenzando con el versículo 5 de 2 Pedro 1, podemos ver una lista de rasgos de carácter que los Cristianos deben cultivar. Cuando observamos cuidadosamente, podemos ver una lista secuencial de niveles de crecimiento que nos obligan a subir de un rasgo de carácter a otro hasta alcanzar el rasgo de carácter más alto, que es el amor. En forma de imagen, así es como se ve:

Gráfica Visual de las exhortaciones de 2 Pedro 1:5–7

Entendiendo que estos niveles de crecimiento son los que se esperan para los Cristianos, debe quedar claro que muchas personas comienzan en la parte inferior, que es la razón por la cual la imagen muestra un triángulo con la base más grande en la parte inferior. No es fácil subir a la plenitud que Dios desea en nosotros (véase Efesios 4:12–16). Menos personas alcanzan la meta más alta, pero es algo que todos los Cristianos deben intentar.

Puede tomar tiempo alcanzar la madurez; sin embargo, muchas personas tienden a volver a los niveles más bajos y permanecer allí

> *Muchas personas tienden a volver a los niveles más bajos y permanecer allí porque es simplemente más fácil que esforzarse por escalar. . ... Muchos se conformarán con los niveles inferiores, pensando que han alcanzado lo que Dios ha deseado para ellos.*

porque es simplemente más fácil que esforzarse por escalar. Es por eso por lo que hay una imagen de campistas divirtiéndose en la parte inferior de la base del triángulo. Muchos se conformarán con los niveles inferiores, pensando que han alcanzado lo que Dios ha deseado para ellos.

Sin embargo, nuestro llamamiento más alto es el amor. Tal vez podríamos tratar de alcanzar el sexto nivel o incluso el séptimo a nuestro propio ritmo, obligándonos a encontrarnos con la gente esperando que suceda lo mejor, pero el amor final, el amor incondicional, requiere que intervención de Dios transforme nuestros corazones para que podamos amar de esa manera (Ezequiel 36:26–27).

Vamos a desglosar los ocho niveles que Pedro comparte con nosotros.

Fe

La fe es ciertamente una necesidad en nuestro camino Cristiano (Juan 3:16; Hebreos 11:6). Es por fe que somos salvos (Romanos 1:17), y es algo a lo que todo Cristiano debe aferrarse independientemente de las circunstancias que lo rodean (2 Corintios 5:7; Hebreos 11:1). Sin embargo, ese es sólo el primer paso para crecer hacia la plenitud que Dios desea para nosotros (Efesios 4:12–16). La fe es importante, pero también es sólo el punto de partida.

Es interesante que incluso los demonios crean en Dios, y Santiago nos dice que tener fe por sí mismo no es suficiente. La fe debe conducir al fruto o al crecimiento (Santiago 2:19–20). La cultura moderna reduce la fe cristiana al implicar que se puede hacer cualquier cosa en la que creamos. Algunos incluso dicen que el "universo" quiere hacer nuestros sueños realidad, y que, por lo tanto, debemos creer.[155]

La fe, aunque sea el punto de partida para cualquier Cristiano, puede estar mal dirigida. La gente puede aceptar y creer lo que quiera. Incluso pueden creer en las mentiras del enemigo. Es por eso por lo que un Cristiano no debe asentarse en la fe, sino que debe aspirar a ser más maduro para no ser *arrojado y tumbado por cada viento de nueva enseñanza* (Efesios 4:14).

También debemos tener en cuenta que las personas tienden a tener una fe que es voluble. Dicen que creen en Jesús, pero rectifican tan pronto como sus circunstancias cambian. Esto es lo que sucedió entre la entrada triunfal de Jesús y Su crucifixión. Las mismas personas en esa multitud que alabaron a Jesús también gritaron: "¡Crucifíquenlo!" (Mateo 21:1–11; 27:22–23), enviando a Jesús a la cruz. También es evidente que muchas personas creen en Dios debido a los beneficios positivos potenciales que pueden recibir, pero cuando se enfrentan a la verdad de poner la vida en juego (véase Mateo 26:69–75) o negarse a sí mismo (Mateo 16:24–25) y confiar plenamente en Dios frente a las cosas desconocidas, la gente desertará a Jesús (Juan 6:66).

La fe humana no es tan estable como nos gustaría creer. Es por eso por lo que la Biblia dice que, a pesar de que *muchos comenzaron a confiar en Él,* Él no confiaba en ellos (Juan 2:23–25). Es por eso por lo que los creyentes deben seguir creciendo en la fe, y eso debe dar como resultado una fe constante e inquebrantable. Ese tipo de fe es algo que solo Dios es capaz de proporcionar y lograr.

Excelencia Moral

Muchos de los llamados Cristianos afirman ser Cristianos debido a la vida moral que viven. No asesinan, no usan lenguaje altisonante, no maldicen y generalmente son amables con los demás. Creen que mientras sigan el código moral que creen que Jesús enseñó, son Cristianos y tienen vida eterna.

> *Muchos de los llamados Cristianos afirman ser Cristianos debido a la vida moral que viven.*

Muchos de esos Cristianos lo creen, y permanecen cómodamente en el segundo nivel pensando que lo tienen todo bajo control. Sin embargo, somos llamados Cristianos debido a nuestra fe en lo que Él ha hecho. No es por nuestras obras o nuestra capacidad de vivir vidas morales que somos perdonados y aceptados, sino que es simplemente por lo que Jesús ha hecho; es nuestra confianza y fe en Él lo que nos hace Cristianos (por ejemplo, Juan 3:16; Efesios 2:1–10).

Romanos 3:19–27 explica que la ley moral nos muestra que somos incapaces de ejecutarla perfectamente. Nos muestra que tratar de alcanzar la perfección sólo conduce al reconocimiento de que nos quedamos cortos. Por eso necesitamos un salvador, Jesucristo. El versículo 25 dice claramente que nuestra bondad moral no es suficiente, sino que *las personas cumplen con Dios cuando creen que Jesús sacrificó Su vida, derramando Su sangre.*

Como Cristianos, debemos mostrar excelencia moral, pero esa no es la base de porqué somos llamados Cristianos, ni es el máximo objetivo para los Cristianos. Es simplemente algo que hacemos como resultado del amor que hemos recibido de Dios. No nos conformemos con ser moralmente buenos, especialmente porque muchas personas, incluso aquellas que no creen en Dios, pueden ser capaces de vivir vidas moralmente buenas. Como Cristianos, estamos llamados a algo más.

Conocimiento

Algunas culturas, como la cultura coreana, tienden a elevar excesivamente la importancia de la educación. A veces se eleva tanto que las personas que llegan a conocer a Dios pueden ser desviadas a dejar sus profesiones/negocios seculares una vez que se convierten en Cristianos y van al seminario para estudiar y convertirse en pastores. La elevación cultural de la educación puede llevar a los creyentes bien intencionados por el camino equivocado.

Afortunadamente, hay algo positivo: el conocimiento es sólo el tercer nivel. Esto también implica que no todos los pastores "Cristianos" son verdaderamente Cristianos. Tampoco los títulos de seminario significan que una persona sea un discípulo de Jesucristo. Es importante que los creyentes crezcan en su conocimiento de Cristo: estudiar la Palabra de Dios y comprender sólidamente la base de su fe; sin embargo, incluso adquirir ese conocimiento no es su vocación final.

He hablado con muchos alumnos de seminario, y me he dado cuenta de que algunos de ellos han elegido asistir al seminario debido a un malentendido de lo que significa crecer en Cristo. Algunos pastores que conozco dicen que se convirtieron en pastores porque las cosas no iban bien en sus trabajos anteriores, y sentían que ser pastores era una buena opción profesional. Lamentablemente, muchos pastores de hoy en día no han recibido un llamado, sino que se han convertido en pastores debido a un malentendido, pensando que ser pastor los acercará a Dios. Muchos Cristianos también pueden pensar erróneamente que sus funciones en el mercado, ya sea como hombres de negocios, ingenieros, médicos o arquitectos, no son llamamientos ordenados por Dios, cuando en realidad tales habilidades les permiten llegar al mundo (para más detalles, véase el capítulo 5 sobre el uso de modelos de negocio para llegar a los menos accesibles).

La Biblia es clara respecto a que el conocimiento en sí mismo sólo conduce al orgullo, pero el amor debe ser la meta (1 Corintios 8:1). Pablo también habla de cómo el conocimiento no se compara con conocer verdaderamente a Cristo como Señor (Filipenses 3:3–14).

El conocimiento es importante, pero no es el objetivo más alto para un Cristiano. Las personas con títulos de posgrado o certificaciones profesionales no deben presumir de sus logros, sino que deben usar su aprendizaje, habilidades y experiencia para apoyar a la Iglesia en el amor. Esto también implica que la enseñanza de los pastores debe ir más allá del conocimiento, inspirando a los demás a amar verdaderamente a Dios y a sus vecinos.

> *Las personas con títulos de posgrado o certificaciones profesionales no deben presumir de sus logros, sino que deben usar su aprendizaje, habilidades y experiencia para apoyar a la Iglesia en el amor.*

El conocimiento de Dios y Su Palabra es muy importante, y crecer en este conocimiento debe ser una práctica diaria (Salmos 1:2). Sin embargo, cuando los Cristianos sienten que conocen las Escrituras o tal vez se sienten bien porque tienen la disciplina de leer varios capítulos diariamente, pueden simplemente hincharse de orgullo (Lucas 18:9–14). El conocimiento en sí mismo no es el llamamiento más alto para los Cristianos, es algo más que lecturas diarias y conocimiento acumulado con el tiempo. No seamos como las muchas personas educadas que dicen ser Cristianos debido a su conocimiento mientras permanecen en este nivel.

Autocontrol

El autocontrol, o la disciplina, es algo bueno, pero tampoco es nuestro llamamiento más alto. Aquellos que permanecen en este nivel son personas que asisten a cada servicio de la iglesia del Día del Señor, miércoles y viernes, y tal vez incluso servicios matutinos para la multitud coreana. Son capaces de disciplinarse a sí mismos para leer la Biblia diariamente y mantenerse alejados de los pecados. Recuerden que Pedro nos dice que los ocho niveles son buenos y necesarios para los Cristianos, pero el llamado aquí es no cejar hasta que alcancemos el nivel más alto que Dios desea que alcancemos.

El apóstol Pablo nos dice en 1 Corintios 9:19–27 que hay un propósito claro al hacer lo que uno hace (véase el versículo 26). En estos últimos versículos (vv. 23–27), Pablo dice que se disciplina a sí mismo como un atleta para llevar a la gente a Cristo. Si el propósito del autocontrol es únicamente presumir de la capacidad de mantenerse a sí mismo, entonces eso sería simplemente orgullo, como el del orgulloso fariseo (Lucas 18:9–14). El propósito de Pablo en la autodisciplina era amar a los demás compartiendo la Buena Nueva, que es el amor de Cristo.

El autocontrol es, sin duda, un rasgo de carácter en un Cristiano maduro. El apóstol Pablo escribe a Tito acerca de lo que significa ser un anciano, alguien que supervisa a otros Cristianos de la manera correcta. Subraya que es correcto que un anciano, o cualquier Cristiano que madura en la fe, sea auto disciplinado y crezca en conocimiento (Tito 1:6–9). Es importante como seguidor de Jesús ser disciplinado para evitar los comportamientos pecaminosos del mundo y representar a Cristo correctamente. Será esta autodisciplina la que mantendrá a un Cristiano en oración cuando se presente el ajetreo (1 Pedro 4:7). Será esta autodisciplina la que permitirá a la persona cantar himnos aun cuando esté en un aprieto (Hechos 16:25). Los Cristianos necesitan autodisciplina.

Sin embargo, ser disciplinado no significa que sea Cristiano. Un Cristiano debe seguir creciendo más allá de la fe, la moral, el conocimiento y el autocontrol. Este es sólo el cuarto nivel del crecimiento Cristiano.

Paciencia

La palabra "paciencia", ὑπομονήν (hupomonen). Se refiere a perseverar con el tiempo, o dicho literalmente,

> *En la cultura actual en la que se maximiza la eficiencia y minimiza el tiempo para producir los mismos resultados, las relaciones reciben una fuerte golpiza.*

permanecer por debajo y soportar el peso durante algún tiempo. En la cultura actual en la que se maximiza la eficiencia y se minimiza el tiempo para producir los mismos resultados, las relaciones reciben un fuerte golpe. Cada reunión, incluyendo las de los servicios de la iglesia o incluso los grupos pequeños, necesita tener una hora de inicio y fin para la mayoría de los participantes. Si la reunión dura más tiempo del esperado, las personas se irán para cumplir con sus próximas citas o se quejarán de que la actividad sobrepasó el tiempo asignado.

Sin embargo, las relaciones no pueden estar limitadas por el tiempo. Las relaciones *toman tiempo*, no son algo que se apresure. Las reuniones de grupos pequeños deben tener una hora de inicio definida y una hora de finalización aproximada, pero no debe ser limitante.[156] Además, los grupos pequeños deben reunirse en forma recurrente para que los miembros sepan programar sus actividades alrededor de ese momento, y dejando el tiempo de finalización abierto para que puedan disfrutar de un tiempo sin prisas cuando estén juntos.

Observe también que la perseverancia es un carácter de amor (1 Corintios 13:4, 7). Se refiere a ser paciente, a ser tolerante con los demás a través del tiempo. El amor no puede

> *El evangelismo, o ser testigo de Cristo frente a otra persona, sólo se puede lograr en el contexto del amor, y toma tiempo.*

ocurrir en un instante. El evangelismo, o ser testigo de Cristo frente a otra persona, sólo se puede hacer en el contexto del amor, y toma tiempo.

Esta es la razón por la que el evangelismo callejero es menos eficaz. Ciertamente, no nos atrevemos a limitar a Dios en lo que puede hacer a través de los encuentros cortos, pero nuestro llamado a hacer discípulos es amar a los demás a través del tiempo. La manera correcta de realizar el evangelismo es invitar y acoger a las personas que puedan estar interesadas en Dios para que puedan observar la vida de los Cristianos a través del tiempo, sin ninguna presión. Al convivir con personas que pueden ser similares a ellas y que buscan a Dios para todas sus necesidades, y que son capaces de continuar sus vidas con gran gozo, la persona interesada también puede llegar a creer. El factor clave es que el amor debe ser compartido a través del tiempo, y, siendo redundante, puede tomar cierto tiempo. Por eso, el amor es paciente.

Sin embargo, la paciencia en sí misma no es el llamamiento más alto del Cristiano. Todavía hay más niveles que subir.

Santidad

La santidad se refiere a vivir una vida santa. Lo opuesto a la santidad sería vivir sin Dios como si Dios no existiera (Tito 2:12). La santidad se refiere a vivir de manera diferente (apartada) del resto del mundo. Como Dios es santo, nosotros también debemos ser santos en la forma en la que vivimos (1 Pedro 1:15–16). En otras palabras, así como Dios es diferente, estamos llamados a ser diferentes del resto del mundo.[157]

Para reiterar, los ocho puntos de esta lista son buenos y necesarios para los Cristianos; sin embargo, no debemos establecernos en un nivel inferior, creyendo que el nivel inferior es nuestro último llamamiento. Muchas personas pueden conformarse con tener fe; otros incluso podrían vivir vidas morales y considerar que es suficiente. Sin embargo, como Cristianos, debemos seguir creciendo a la medida *plena y completa* de Cristo (Efesios 4:12–16), que nos lleva de vuelta a Él, que es amor (1 Juan 4:7–8).

En un sentido negativo, algunos pueden pensar en la santidad como una actividad externa, como asistir a los servicios de la iglesia. Algunas personas podrían pensar en la santidad como convertirse en pastor y predicar desde el púlpito con frecuencia. Dios podría usarnos a algunos de nosotros de esta manera, pero este todavía no es nuestro llamamiento más alto. Si estas actividades tienen prioridad sobre el llamamiento superior del amor, no tendrían sentido (1 Corintios 13:1–3).

Como ejemplo de santidad que salió mal, considere Lucas 18:9–14, así como aquellos que asisten a seminarios, aunque no hayan sido llamados por Dios. Considere también 1 Timoteo 6:5–6, donde Pablo habla *de una demostración de piedad* en contraste con la *verdadera santidad.*

Por supuesto, la visión correcta de la santidad es desear complacer a Dios en todo lo que hacemos, incluso en nuestra adoración, en nuestros lugares de trabajo, en la forma en que

> *La santidad es desear complacer a Dios en todo lo que hacemos... y tener el corazón de adoración que desea buscar a Dios en comunidad con hermanos y hermanas que aman a Jesús.*

tratamos a nuestros vecinos, y en lo unidos que estamos con la familia que Dios nos ha dado. Es más que asistir fielmente a los servicios de la iglesia, es *tener el corazón de adoración* que desea buscar a Dios en comunidad, con hermanos y hermanas que aman a Jesús. Pablo incluso nos dice que el entrenamiento en la santidad tiene beneficios eternos (1 Timoteo 4:7–8).

Para ser claros, aunque la adoración es importante, ese acto de adoración no es el llamamiento más alto. En muchas iglesias asiáticas (y también en algunas otras culturas), la asistencia a los servicios de adoración se considera de gran importancia. Cuando esas iglesias dicen que tienen grupos pequeños, reúnen a algunas personas para seguir un método de adoración prescrito que no es diferente de su servicio regular de adoración. El enfoque en estos grupos pequeños no se centra en el amor, las relaciones o el discipulado, sino que se centra en la replicación de la adoración que se lleva a cabo en el Día del Señor durante un servicio en la iglesia. Estos grupos pequeños se pueden identificar fácilmente observando quién comparte el mensaje. En grupos tan pequeños, a menudo es el pastor quien debe estar presente para que el grupo pequeño proceda. No es un intercambio mutuo de vidas, sino que simplemente se están reuniendo para otro mensaje unilateral. Sin embargo, el amor tiene prioridad sobre los actos de adoración.

> *El amor tiene prioridad sobre los actos de adoración.*

La adoración es importante, y debe estar en el frente de nuestras mentes en todo lo que hacemos. Sin embargo, cuando eso se identifica como actos de santidad como orar antes de cada comida, leer las Escrituras diariamente y la asistencia fiel a los servicios de la Iglesia, que ciertamente son buenos, pero no es el llamamiento más alto para los seguidores de Jesús.

Considere lo que Samuel le dijo a Saúl en 1 Samuel 15:22: Pero Samuel respondió: ¿Qué es lo que más le agrada al Señor? ¿tus ofrendas quemadas y sacrificios, o que obedezcas a su voz? ¡Escucha! La obediencia es mejor que el sacrificio, y la sumisión es mejor que ofrecer la grasa de carneros.

Saúl pensó que hacer servicios de adoración prescritos para Dios era la *tarea apropiada* para mantener feliz a Dios, pero ciertamente no era el caso. Los actos de piedad pueden no conducir a la verdadera adoración, donde la verdadera adoración es una cuestión del corazón (Romanos 12:1–2) donde los creyentes expresan su *verdadero amor* por Dios.

> *La verdadera adoración es una cuestión del corazón donde los creyentes expresan su verdadero amor por Dios.*

La santidad es importante, pero debemos recordar que no es el llamamiento más alto. Ser fiel en asistir a los servicios de adoración sin el siguiente paso es como ser un metal ruidoso o un címbalo que resuena (1 Corintios 13:1–2). Nuestro mayor llamamiento, nuestro mandamiento más grande, es amar (Mateo 22:36–40).

Amor, Amor Fraternal

Se mencionan dos tipos de amor en este pasaje: *philia* y *ágape*. La palabra real que se utiliza aquí es Φιλαδελφία *"Filadelfia"*) o "amor a los hermanos." Sí, eso es lo que significa el nombre de la famosa ciudad de Pensilvania. El amor fraternal puede proyectar diferentes conceptos para diferentes personas. Para establecer el marco correcto, tal vez sea bueno señalar la infancia, cuando los hermanos viven bajo el cuidado de los padres y no pueden ir por caminos separados por su propia voluntad. Hay un cierto vínculo en la convivencia que va más allá de la infancia, incluso después de que se separan de sus padres y pasan a formar sus propias familias.

Sin embargo, este compromiso bíblico de crecer dirige a los Cristianos a hacerlo con personas más allá de la familia. ¿Cómo se puede formar este amor? Tiene que ver con volver a lo aprendido en la infancia, y ese es el concepto de fraternidad (o hermandad), o incluso el término *amistad*, que ha perdido su significado original debido al "me gusta" instantáneo en las redes sociales de hoy (considera Mateo 24:12, que dice que el amor de muchos se *enfriará*). La Generación Y o las generaciones mayores pueden recordar una época en la que, cuando, cuando eran niños, pasaban mucho tiempo con los mismos amigos y compartían gran parte de sus vidas juntos. Tales conceptos no parecen existir para las generaciones más jóvenes de hoy en día.

En los días modernos, el ajetreo, o el tener cosas que hacer, parece tener una mayor prioridad. El llamado a los Cristianos es vivir la vida juntos, tal vez no vivir en la misma casa, sino vivir la vida juntos a través de una reunión continua (Hebreos 10:25) y conocerse profundamente como resultado.

La hermandad tiene la connotación opuesta a la de la vida en las redes sociales. En las redes sociales, las personas a menudo proyectan sólo imágenes o pensamientos positivos sobre sí mismos. Los "amigos" en las redes sociales a menudo se consideran personas que están conectadas por encuentros breves o por estar conectadas a través de un amigo, en segundo o tercer grado. Sin embargo, la verdadera amistad, o hermandad, va más allá del conocimiento a nivel de la superficie el uno del otro.

Los verdaderos amigos saben por lo que la otra persona está pasando, cuáles son las actividades de su vida y dónde sufren más complicaciones. Las

> *Los verdaderos amigos saben por lo que la otra persona está pasando, cuáles son las actividades de su vida, y donde sufren más complicaciones.*

amistades no pueden ocurrir sin las interacciones intencionales de la vida, lo que significa que habrá reuniones periódicas intencionales, incluso cuando no hay nuevas razones para ello, sino simplemente para conectarse. Este es el llamado para los Cristianos.

Los Cristianos en crecimiento deben enfocarse en las relaciones e incluso deben hacer todo lo posible para encontrarse y pasar tiempo con ellos. Harán esto independientemente de si hay un propósito para la reunión, y eso, sus relaciones, son el punto clave de los grupos pequeños.

El llamado es que los Cristianos se amen unos a otros (1 Pedro 1:22), para que este amor será visto por personas fuera de la Iglesia (Juan 13:35). El problema, por supuesto, es que muchos Cristianos no aspiran a este nivel de crecimiento, sino que permanecen en los niveles más bajos, pensando que han logrado lo que significa ser Cristiano. Es por eso por lo que muchas "iglesias" hoy en día no tienen amor, pero están más enfocadas a los aspectos religiosos. El amor debe tener mayor prioridad.

> *El amor debe tener mayor prioridad.*

Operar grupos pequeños genuinos no es fácil, porque el amor no es fácil para los seres humanos, y esa también es la razón por la cual muchos Cristianos lo rehúyen. Cuando Satanás domina, un Cristiano puede pensar: "Hoy tengo demasiado que hacer" o "No me siento tan seguro hoy, y no quiero bajar la guardia." Puede haber muchas razones por las que los Cristianos pueden verse tentados a pasar por alto el componente de paciencia del amor, y esto se remonta al ídolo cultural, que es el ajetreo.[158] El amor y el ajetreo no hacen buena pareja.

> *El amor y el ajetreo no hacen buena pareja.*

Es por esa razón que los grupos pequeños deben reunirse con frecuencia, con o sin razón, para seguir desarrollando y construyendo relaciones entre sí. También

> *A medida que los Cristianos se ponen a disposición de los demás, se están poniendo a disposición de Dios para dirigir, guiar y utilizar.*

es importante reconocer que, a medida que las personas se independizan o carecen de relaciones con los demás, también tendrán esa misma falta de relación con Jesús. Lo contrario también es cierto; a medida que los Cristianos se ponen a disposición de los demás, se están poniendo a disposición de Dios para que los dirija, guíe y utilice (Mateo 25:36–40).

Dios nos dio el uno al otro para que podamos saber lo que significa estar en una relación con Él. Considere a un esposo y a su esposa en comparación con

> *Dios nos dio el uno al otro para que podamos saber lo que significa estar en una relación con Él.*

Jesús y la Iglesia (Efesios 5:21–33), o considere que lo que hacemos por los demás, lo estamos haciendo por Dios (Mateo 25:37–40). Los Cristianos deben seguir reuniéndose en grupos pequeños con frecuencia para desarrollar el amor *filial*.

Podríamos pensar que el amor *filial* es difícil de alcanzar, pero todavía hay un llamamiento superior, que es el más difícil de entender o alcanzar para los seres humanos limitados.

Amor—El Amor Ágape

Este es el llamamiento más alto de un Cristiano: el amor incondicional. Este no es cualquier tipo de amor, sino que es el amor que sólo proviene de Dios (1 Juan 4:7–21). El amor Ἀγάπην (*ágape*) a lo que todos los Cristianos deben aspirar. Este nivel de amor no viene por obras, sino que es dado sólo por Dios a través de Su gracia.

Los otros siete pasos podrían lograrse a través de la práctica y la disciplina, como asistir a grupos pequeños semanalmente, esforzarse por mantener un corazón en adoración, ser paciente con las personas que le ocupan su tiempo, etc. Sin embargo, el mayor llamado de amor no es algo que podamos lograr por nuestra cuenta.

El amor ágape es la capacidad de amar a Dios con todo nuestro corazón, alma, mente y fuerza, y también amar a los demás, incluso nuestros enemigos (Mateo 5:43–47; 22:37–40). Como seres humanos, estamos limitados en nuestra capacidad de amar tanto o así de profundo, pero es a través de la gracia de Dios que somos capaces de amar a nuestros enemigos o incluso a aquellos que no conocemos. Incluso en medio del ocupado mundo que puede estar lleno de caos, podemos amar a Dios con todo nuestro corazón, alma mente, y fuerza. Esta es la promesa de convenio de Ezequiel 36:26–27, donde Dios dice que transformará nuestros corazones endurecidos para permitirnos mantener Sus regulaciones porque nos permite amar a Dios y a los demás para que podamos guardar el Mandamiento Más Grande.

> *El amor de ágape es la capacidad de amar a Dios con todo nuestro corazón, alma, mente y fuerza, y también de amar a los demás, incluso a nuestros enemigos.*

Los Cristianos que aspiran a este nivel de crecimiento deben tener su fe en Jesús para que les ayude. El amor ágape sólo puede venir a través de la plena dependencia de Dios, especialmente cuando los Cristianos continúan viviendo los otros siete niveles de vida cristiana. Sólo Dios es capaz de permitirnos amarlo con todo nuestro corazón y amar a los demás como a nosotros mismos.

El Estado de la Iglesia Hoy

Basándonos en las enseñanzas de Pedro, está claro que el amor es nuestro llamamiento más elevado. Sin embargo, el amor no es por lo que la Iglesia es reconocida. Esto se debe a que muchos Cristianos se han asentado en un nivel inferior al de la vocación más alta. Esto se muestra en la forma en que muchos Cristianos viven e incluso en sus enseñanzas.

Antes de que Abraham fuera llamado a ir a la tierra prometida de Canaán (Génesis 12:1), su padre también fue llamado. Sin embargo, Tera (su padre) no pudo llegar.

> *Comenzó el viaje y empezó a moverse en esa dirección, pero se detuvo. Se estancó. . . . No cumplió su llamamiento.*

Comenzó el viaje y empezó a moverse en esa dirección, pero se detuvo. Se estancó. Génesis 11:31–32 describe esta triste noticia:

> *Y tomó Taré a Abram su hijo, y a Lot hijo de Harán, hijo de su hijo, y a Saraí su nuera, mujer de Abram su hijo, y salió con ellos de Ur de los caldeos, para ir a la tierra de Canaán; y vinieron hasta Harán, y se quedaron allí. Y fueron los días de Taré doscientos cinco años; y murió Taré en Harán.*

Vemos que Terah se dirigió hacia Canaán con Abram, Sarai y Lot. Sin embargo, en lugar de continuar el viaje se estableció en Haran y murió allí. Terah se perdió el llamado y no cumplió su llamamiento. Como resultado, Dios tuvo que reasignar este llamamiento especial a otra persona, el hijo de Terah.

Es lo mismo con muchos Cristianos. Dios tiene un llamado para ellos, pero se conforman con algo menos del llamado que Dios tiene para ellos. Se estancan en diferentes niveles y creen que han cumplido el llamamiento de su vida. Algunos se conforman con tener fe, otros con vivir una buena vida, otros con tener grandes conocimientos con títulos y certificaciones, y otros con ser altamente disciplinados.

Los líderes locales de la iglesia también pueden estancarse. Pueden enseñar acerca de ser pacientes y tal vez centrarse mucho en vivir una vida santa y asistir a los servicios de adoración. Lamentablemente, muchos Cristianos no persiguen el amor al que Dios nos ha llamado.

¿Usted se ha estancado? ¿Se ha estancado su iglesia? ¿Es el amor su búsqueda más alta?

Racionalmente, hay cierta lógica en por qué la gente se estanca. El amor, especialmente el amor ágape es difícil de alcanzar. Por un lado, no podemos lograrlo nosotros mismos, ya que esto es algo que sólo Dios es capaz de proveernos. Incluso los niveles por debajo de él no son fáciles de alcanzar y mantener. El amor fraternal no es fácil, y mantener la santidad es complicado. ¿Cuánto tiempo puede pasar antes de que cometamos otro pecado para anular nuestra piedad? La paciencia también es difícil, al igual que todos los demás.

Es por eso por lo que las personas se acomodan en los niveles inferiores, en un nivel en el que se sienten bien y pueden justificar, como la fe o la excelencia moral. Puesto

> *Es por eso por lo que las personas se acomodan en los niveles inferiores, en un nivel que sienten que pueden justificar.*

que son capaces de justificar sus posiciones frente a sí mismos, creen que son lo suficientemente buenos y que Dios los considera de igual forma. Sin embargo, así como Abraham era una persona imperfecta que tenía que aprender con el tiempo a través de la experiencia, Dios disciplina a aquellos a quienes ama (Proverbios 3:12; Hebreos 12:6). Dios desea que Sus seguidores crezcan al máximo y persigan su llamamiento más elevado, que es el amor.

1 Juan 4:7–8: Dios es Amor

Queridos amigos, sigamos amándonos unos a otros, porque el amor viene de Dios. Todo el que ama es un hijo de Dios y conoce a Dios; pero el que no ama no conoce a Dios, porque Dios es amor...

1 Juan 4:7–8

Aquel que nos llama Sus hijos es Amor en Sí mismo. Somos llamados hijos de Dios a causa de Su amor a nosotros. Nuestro llamamiento más alto es el amor, y los que no aman, no conocen a Dios.

Esto puede ser una correlación directa con Mateo 7:21–23. En este pasaje, Jesús les dirá: *Nunca te conocí* a aquellos que no hicieron la voluntad del Padre. La voluntad del Padre está escrita en todas las Escrituras y se resume en el Mandamiento más grande, que se deriva de los Diez Mandamientos, y también está implícito en la Gran Comisión. La voluntad del Padre es amarlo ante todas las cosas y amar a los demás. Jesús incluso añade que, los que lo aman, hacen lo que manda (Juan 14:23–24). Su mandamiento de amar se comparte en el siguiente capítulo de Juan, donde Jesús dice: *Este es mi mandamiento: Amaos los unos a los otros de la misma manera que os he amado* (Juan 15:12; véanse también los versículos 13, 14 y 17).

Juan 13:35 dice que la gente conocerá a los verdaderos seguidores de Jesús por su amor. Si el evangelismo está en el corazón de una persona, el amor debe ser su búsqueda más alta.

Lamentablemente, muchos Cristianos y líderes de iglesias locales no ponen el amor como su meta más alta, y es por eso por lo que la gente ya no asocia el amor con los Cristianos. Cuando las personas se encuentran perdidas, heridas o buscando amor y aceptación, se vuelven a otro lugar que no sea a la Iglesia.

> *Cuando las personas se encuentran perdidas, heridas o buscando amor y aceptación, se vuelven a otro lugar que no sea a la Iglesia.*

1 Juan 4:7–8 nos enseña que debemos amarnos los unos a los otros. Esto se refiere al amor entre los Cristianos. Esto es fundamental para demostrar el amor de Dios a las personas que no creen en Jesús. Es por el amor entre nosotros que somos capaces de extender ese amor al mundo exterior. El amor está conectado, porque el amor es Dios mismo. Para amar verdaderamente a Dios, a otros Cristianos, o a los todavía-no Cristianos, el amor debe ser iniciado y cumplido por Dios, que es amor.

Juan afirma claramente que no podemos amar a Dios mientras odiamos a nuestro hermano (1 Juan 4:20). Es por eso por lo que Jesús incluso añade que debemos reconciliar las relaciones con los demás antes de ir a Dios (Mateo 5:23–24). No podemos amar a Dios si no podemos amar a los demás. Si no podemos amar a otros hermanos y hermanas Cristianos mientras compartimos sus vidas a través del tiempo. ¿Cómo podemos amar a aquellos que no creen en Jesús? En otras palabras, ¿cómo podemos decir que amamos a Dios y compartimos nuestra vida con El si no amamos a los demás y tampoco compartimos nuestra vida con ellos (Mateo 25:37–40)?

Dios nos ha entregado los unos a los otros para que podamos aprender y experimentar lo que es estar en relación con el Dios invisible. Nuestra capacidad de amar a los demás refleja nuestra capacidad de amar a Dios. Nuestra capacidad de compartir vidas con los demás a través del tiempo muestra la profundidad de la relación que podemos tener con Dios.

> *Nuestra capacidad de amar a los demás refleja nuestra capacidad de amar a Dios. Nuestra capacidad de compartir vidas con los demás a través del tiempo muestra la profundidad de la relación que podemos tener con Dios.*

Ahora, ¿cómo podemos describir el amor? Esto se muestra en el capítulo que se conoce como el Capítulo del Amor: 1 Corintios 13.

1 Corintios 13: Amor en la práctica

Si yo hablase lenguas humanas y angélicas, y no tengo amor, vengo a ser como metal que resuena, o címbalo que retiñe. Y si tuviese profecía, y entendiese todos los misterios y toda ciencia, y si tuviese toda la fe, de tal manera que trasladase los montes, y no tengo amor, nada soy. Y si repartiese todos mis bienes para dar de comer a los pobres, y si entregase mi cuerpo para ser quemado, y no tengo amor, de nada me sirve.

El amor es sufrido, es benigno; el amor no tiene envidia, el amor no es jactancioso, no se envanece; no hace nada indebido, no busca lo suyo, no se irrita, no guarda rencor; no se goza de la injusticia, mas se goza de la verdad. Todo lo sufre, todo lo cree, todo lo espera, todo lo soporta. El amor nunca deja de ser; pero las profecías se acabarán, y cesarán las lenguas, y la ciencia acabará. Porque en parte conocemos, y en parte profetizamos; mas cuando venga lo perfecto, entonces lo que es en parte se acabará. Cuando yo era niño, hablaba como niño, pensaba como niño, juzgaba como niño; mas cuando ya fui hombre, dejé lo que era de niño.

Ahora vemos por espejo, oscuramente; mas entonces veremos cara a cara. Ahora conozco en parte; pero entonces conoceré como fui conocido. Y ahora permanecen la fe, la esperanza y el amor, estos tres; pero el mayor de ellos es el amor.

1 Corintios 13:1–8, 13

El apóstol Pablo era una persona altamente educada y reconocida que tenía importantes funciones de toma de decisiones en las sinagogas (véanse Hechos 8:3; 22:3). Una persona como Pablo podría ser comparada con un director ejecutivo de una corporación moderna. Se podría esperar que una persona con este tipo de puesto impulsara los resultados o la eficiencia de un proceso de negocio o sistema. Sin embargo, Pablo afirma que nada tiene sentido si el amor no es la búsqueda más importante y alta.

Los tres primeros versículos de 1 Corintios 13 se refieren a tres cosas que los Cristianos valoran mucho. El primero es el conocimiento. Alguien puede ser muy educado y hablar muchos idiomas, lo cual es ciertamente importante en la obra de hacer discípulos de todas las naciones; sin embargo, Pablo dice que esto es sólo *un metal ruidoso o un címbalo que resuena* si se excluye el amor.

La segunda cosa se refiere a regalar. Por medio de dones espirituales, las personas pueden escuchar de Dios y experimentar Su amor. Sin embargo, incluso con los beneficios del don espiritual, especialmente el uno hacia el otro, Pablo dice que no es *nada* si no va acompañado del amor.

El tercero se refiere al servicio. Dar a los demás y ayudar a los necesitados en la práctica es muy necesario para demostrar el amor de Cristo. Sin embargo, aun con fe en las obras (Santiago 2:17–18), Pablo dice que no le gana nada sin amor. ¿Cuál es la diferencia entre si es agradable y aceptable para Dios? Lo único que debe existir es el amor.

> *¿Cuál es la diferencia entre si es agradable y aceptable para Dios? Lo único que debe existir es el amor.*

Esto demuestra que los Cristianos, por muy bien intencionado que sean, pueden hacer todas las cosas sin amor. Esto incluye a los alumnos que estudian para el Señor y a los empresarios que dirigen sus negocios para el Señor. También incluye a los Cristianos que dirigen reuniones y conferencias de renacimiento, y a aquellos que reciben oración de líderes espirituales en aras de centrarse en mejorar sus dones espirituales. También incluye a las personas que sirven en organizaciones misionales, junto con otros actos de buena voluntad. Todas estas personas podrían creer que Dios está complacido con sus actividades, pero es posible que Dios no les dé crédito por sus acciones si están operando sin amor. Sus obras no son aceptadas por Dios si no tienen amor.

> *Todas estas personas podrían creer que Dios está complacido con sus actividades, pero es posible que Dios no les dé crédito por sus acciones si están operando sin amor. Sus obras no son aceptadas por Dios si no tienen amor.*

Un Cristiano debe crecer en su relación con Dios, y ese crecimiento demuestra que la persona es en verdad un hijo de Dios (Deuteronomio 8:5; Hebreos 12:7–10; Apocalipsis 3:19). Crecer en el amor de unos hacia los otros, tanto hacia los creyentes como hacia los no creyentes, demuestra que nuestro amor por el Señor está creciendo (Mateo 25:37–40).

Entonces, vayamos a lo práctico: ¿qué es el amor? Primero Corintios 13:4–7 nos dice lo que es el amor, y ésta es una descripción del amor ágape. El amor puede parecer agradable, pero como explica 1 Corintios 13, es lo más difícil de hacer en la práctica. De hecho, yo diría que es imposible hacerlo perfectamente. Necesitamos la gracia de Dios para cubrir nuestros errores mientras que nos permite amar.

Al leer este pasaje, considere cómo se verían estas características del amor para un grupo pequeño de personas que se reúnen con frecuencia y comparten sus vidas. El primer elemento de la lista es, por supuesto, uno de los aspectos más difíciles, especialmente en el entorno actual con limitaciones de tiempo.

El amor es paciente (v. 4)

La palabra *paciente* es la palabra griega μακροθυμέω *(makrothmeo)*, que significa "sufrimiento durante mucho tiempo." La Biblia Versión King James en realidad usa las palabras "sufre mucho" en lugar de la palabra más común y positiva "paciente."

En nuestra sociedad moderna, la paciencia se utiliza erróneamente en muchos casos. Los Cristianos a veces hacen una petición de oración por la paciencia, pero su mentalidad y el mundo en el que viven está lleno de ajetreo o buscan eficiencia. La paciencia no es fácil de encontrar, ni es elogiada en el mundo real. El mundo de los negocios busca impactos y resultados, no algo así como la paciencia que parece no producir nada tangible.

Esta palabra *paciente* significa soportar unos a los otros durante mucho tiempo. El amor no es una visita única a la prisión o al refugio, ni asistir a un viaje de Misiones durante una semana para desarrollar un

> *Si una relación termina después de un corto tiempo, entonces es un proyecto, no amor.*

programa bíblico. Si una relación termina después de un corto tiempo, entonces es un proyecto, no amor.[159]

La paciencia también tiene la connotación de no enojarse fácilmente, de soportar las dificultades de la persona, y de tener fe en ella a pesar de un lento o nulo progreso. Es compartir la vida, lo que incluye los buenos y los malos momentos, los éxitos y los fracasos, una definición de amistad que ha perdido sentido durante las últimas décadas. Hoy en día, es fácil ver a las personas queriendo lograr un impacto en los extraños y cómo luego se sienten bien consigo mismos después de haberlo intentado. Eso no es amor, sino más bien es algo plagado de orgullo.

El amor es bondadoso. (v. 4)

Bondad. La palabra utilizada para la bondad es χρηστεύομαι (chresteuomai).[160] Significa ser bueno y ser de servicio, ser útil a los demás. La bondad, como la paciencia, es una

> *La bondad es muy difícil en la práctica porque significa hacer el bien a los demás cuando no son dignos de ella.*

palabra que puede ser fácil de decir, igual que puede ser fácil creer que uno tiene tal característica, pero en verdad, la bondad es muy difícil en la práctica porque significa hacer el bien a los demás cuando no son dignos de ella. Requiere que seamos misericordiosos y recibir una amonestación o regaño cuando no lo merecemos, en beneficio de otro.

Considere Génesis 50:14–21. Los hermanos de José sabían que le habían hecho daño a su hermano menor, y José era ahora el hombre a cargo, no sólo de sus vidas, sino también de sus hijos. Su padre acababa de fallecer, y tenían miedo justo al castigo que recibían de la persona a la que habían ofendido. Incluso intentaron una estratagema inteligente para decirle a José que su padre había pedido que perdonara a sus hermanos (Génesis 50:16–17). Entonces se inclinaron ante él, buscando misericordia (Génesis 50:18). José mostró bondad al perdonar a sus hermanos y asegurarles que ellos y sus hijos fueran atendidos (Génesis 50:21). Esta bondad ciertamente no era necesaria, porque los hermanos merecían la ira de la persona a la que intentaron matar.

Esta misma historia se repite muchas veces en la Biblia, como cuando Saúl agradeció a David por su bondad, por no matarlo cuando tuvo la oportunidad (1 Samuel 24:18–19). Esto fue lo mismo que Jesús hizo con nosotros los pecadores. No es porque merezcamos el perdón de Dios que somos perdonados, sino que es a causa de Su gracia (Romanos 3:24:11:5–6; Efesios 2:1–10). Esa es la bondad de Dios, y Jesús nos llama a mostrar esa misma bondad hacia los demás (Lucas 10:37; Efesios 4:32).

La bondad también se refiere a tratar a los demás de manera diferente a como lo haríamos normalmente, o de manera diferente a las normas del mundo. Considera Josué 6:23–25: Rahab y su familia recibían un trato amable de Israel cuando su nación debía ser completamente destruida. Puede haber personas especiales a las que Dios nos instruya a tratar de manera diferente, aunque no merezcan nada de ello. Esta misma bondad se encuentra en Rut, quien, como extraña que vive en la pobreza, recibió permiso para recoger granos de una tierra que no era suya (Ruth 2). Lo opuesto a la bondad sería la crueldad o la opresión hacia aquellos en posiciones más débiles (Proverbios 11:17).

Ciertamente no podemos pasar por alto la historia sobre Mefibosheth, el nieto de Saúl que era cojo (2 Samuel 9). Mefibosheth no fue capaz de servir a David debido a su cojera y tampoco tenía un buen pasado, ya que su abuelo había perseguido a David, tratando de matarlo. Sin embargo, la bondad se da a alguien que no puede devolver nada. Esto concuerda con Jesús cuando nos dice que hagamos lo mismo (Lucas 14:12–14).

Consideremos un ejemplo moderno. Usted recibe a una familia que no tiene mucho dinero en su casa. Consecuentemente, recibe muy poco de ellos, mientras les permite utilizar toda su casa, incluyendo el proveerles amplios cuartos privados. Sin embargo, en un día fresco, usted ve que tienen las ventanas abiertas, mientras que también tienen el aire acondicionado encendido. La bondad dice que se deben soportar los golpes y confiar en Dios para recibir más bendiciones. Pensando con una mentalidad empresarial, siguiendo la tendencia de los tiempos actuales, uno tal vez reaccionaría con ira y amenazas e incluso podría pedirles que se fueran.

Utilizo este ejemplo porque este es el tipo de situación que los líderes Cristianos ricos podrían enfrentar hoy. ¿Sería amable con los demás como lo fue Jesús con usted? Tal vez la lección clave para aquellos

> *La bondad dice que se deben soportar los golpes y confiar en Dios para recibir más bendiciones.*

a quienes Dios ha dado recursos sería dejar ir y dejar que Dios provea. Sea amable y misericordioso con aquellos que no lo merecen, y confíe en Dios para sea el quien lleve a cabo la justicia cuando aquellos con quienes ha sido amable le devuelvan abuso.

La bondad va más allá de las personas que conocemos y de las que son buenas con nosotros. Ese es el mensaje de Jesús en Mateo 5:47. Pablo le dice lo mismo a Timoteo cuando dice que un siervo del Señor debe ser bondadoso con todos (2 Timoteo 2:24).

¿Cómo podemos dar ese trato especial de bondad a todos? Ciertamente no podemos hacer esto por nuestra cuenta, pero Dios puede permitirnos hacerlo. Es por eso por lo que el amor ágape no es algo que podamos hacer por nuestra propia voluntad.

Además, la bondad es una lección especial que debe ser aprendida por todos los discípulos de Jesús que son llamados a roles de ser reyes, porque la bondad a menudo se da desde alguien de mayor autoridad, y Dios utiliza las características reales de Sus seguidores para administrar Su bondad.[161]

El amor no es celoso ni fanfarrón ni orgulloso. (v. 4)

Estos rasgos podrían abordarse por separado, pero parecen tener más sentido cuando se colocan juntos. Son básicos en la naturaleza humana y son características pecaminosas difíciles de evitar en las personas. Los tres vienen de una perspectiva de "yo." Los celos dicen que alguien más tiene algo o alguna habilidad que yo no tengo, y por lo tanto le odio. El orgullo dice que tengo algo o alguna habilidad *que el otro* no tiene. Presumir es simplemente compartir el orgullo propio. En cierto sentido, se trata del concepto de desear convertirse en Dios, ya sea por la falta de algo, que conduce a los celos, o a pensar que son mejores que los demás, lo que conduce al orgullo y a la jactancia.

ζηλόω (zeloó) es la palabra para los celos en este versículo. Esta palabra en realidad significa arder con celo por algo. Esto se puede utilizar en un sentido positivo, pero en este versículo, porque hay una οὐ (ou), que significa *no* ("el amor no es . . ."), dice que el amor no es poner mayor o el mayor celo en otra cosa que no sea el objeto original del amor.

Esto puede recordarle los primeros cuatro mandamientos: (1) Dios es Dios, (2) no tendrás otros dioses, (3) no harás nada que tome el lugar de Dios, y (4) no harás que el nombre de Dios sea usado en vano. Los celos quebrantan estos cuatro, además del décimo mandamiento, porque esto proviene del deseo de una persona de ser Dios. Viene del deseo de ser perfectos y de no tener ninguna necesidad.

Cuando vemos a otra persona que tiene más de lo que nosotros tenemos, el deseo de tener esa cosa o esas habilidades toma el control. El resultado de los celos es una relación quebrada con la persona que tiene esa habilidad o cosa, aunada al deseo de tener más cosas en la tierra, o la separación de Dios.

Los celos son parte de nuestra naturaleza humana, porque todas las personas tienen un deseo natural de no negarse a sí mismas, sino de recibir la gloria y el honor que se debe a Dios. Todas las personas, tanto pobres como prósperas, de diferentes razas o culturas, e incluso de cualquier edad, pueden sentir celos.

Considere quién podría ser más susceptible a ser celoso. Las personas hambrientas de poder pueden estar celosas porque no han alcanzado el poder absoluto, porque siempre quieren más. Una persona celosa que tiene mucho podría menospreciar a aquellos que no tienen mucho al verlos acumular más para sí mismos, mientras que una persona que ama mostrará bondad al cuidar y dar a aquellos que tal vez no se lo merezcan.

Los celos también existen en las personas que se rebelan, ya sea que se rebelen contra Dios, el gobierno o las autoridades por encima de ellos, ya sea en el trabajo o en la iglesia. En su mayor parte, las personas se rebelan

> *Los celos son ira o frustración debido a lo que uno no tiene, o puede ser una falta de confianza en Dios y Su suficiente provisión mientras tratamos de llevar a cabo el gran llamamiento de Dios.*

porque sienten que son Dios y deben ser tratadas de la manera que creen que se merecen. Una alternativa sería aceptar a los que están tratando de liderar, junto con la voluntad de cumplir. De manera similar a cómo el amor hacia los demás afecta el amor a Dios, aquellos que tienen dificultades para trabajar con las personas que están por encima de ellos pueden tener problemas de autoridad con Dios. Los celos son ira o frustración debido a lo que uno no tiene, o puede ser una falta de confianza en Dios y Su suficiente provisión mientras tratamos de llevar a cabo el gran llamamiento de Dios.

Hay abundantes ejemplos de celos en todas las Escrituras, incluyendo a Caín cuando mata a su hermano (Génesis 4:8), Sara pidiéndole a su esposo que despidiera a su siervo Hagar, aunque Hagar no tenía mucho de qué vivir (Génesis 16:5–6), y el rey Saúl persiguiendo a David porque muchas personas parecían alabarlo (1 Samuel 18:7–8).

El amor no envidia. Esto significa que nuestros corazones siempre están agradecidos, incluso cuando alguien tiene algo más de lo que tenemos. Alabamos a Dios juntos cuando alguien tiene éxito en algo, y lo hacemos una y otra vez. Estamos agradecidos por los talentos y habilidades que Dios nos ha dado. También estamos agradecidos por todos los recursos que nos ha dado. Creemos que Dios puede usarnos a cualquiera de nosotros, o a otras personas más allá de nosotros, para cumplir Sus propósitos.

Περπερεύομαι (*perpereuomai*) significa jactarse, y φυσιόω á (*phusióo*) significa "arrogante o hinchado." Ambos tienen la οὐ *(ou)* delante de ellos, lo que significa que estas no son características del amor. Probablemente parezca obvio que esas características están en contra de Dios y no se alinean con el amor, ya que Dios es amor (1 Juan 4:7–8).

La jactancia y la arrogancia van de la mano con los celos, ya que están arraigados en el deseo de convertirse en Dios. En la arrogancia o el orgullo hay tanto un orgullo alto como un orgullo bajo. El pastor Min Chung define el orgullo alto como tener una visión alta de sí mismo, o tal vez considerarse Dios debido a todo el éxito que ha tenido. El orgullo bajo se refiere a una visión baja de sí mismo, como si quisiera ser compadecido y confortado por los demás.[162] Ambos tipos de orgullo entran en esta categoría, y el corazón del orgullo puede vivir en aquellos que tienen mucho o poco, sean jóvenes o viejos o de cualquier cultura. Este corazón ha vivido incluso en algunos ángeles, ya que Lucifer se rebeló contra Dios por su orgullo (Isaías 14:12–14).

Hay muchas historias de orgullo en la Biblia, incluyendo la historia de Israel, que involucró muchos ciclos de orgullo contra Dios cuando les iba bien, y se volvían contra Dios cuando su tierra estaba siendo tomada por sus enemigos (véase el libro de Jueces para ejemplos concisos de esos ciclos). Jesús enseñó que los que tienen orgullo no están justificados, mientras que los que vienen a Dios con humildad están justificados (Lucas 18:14).

En resumen, el amor es difícil porque todos tenemos una tendencia a querer estar en el poder, a estar en control y a ser alabados por los demás. Sin embargo, estas cosas pertenecen a Dios y no a nosotros. Tenemos un deseo natural de querer quitarle esa gloria a Dios, y continuar con esa conducta sólo puede apartarnos de Dios, la fuente del amor. Lo mismo ocurre con nuestro comportamiento hacia los demás. Nuestro deseo de llegar a ser Dios nos aleja de servirles, porque tendemos a

> *El amor es difícil porque todos tenemos una tendencia a querer estar en el poder, a estar en control y a ser alabados por los demás. Estas cosas pertenecen a Dios y no a nosotros.*

centrarnos en nosotros mismos. Como resultado, nuestra relación entre nosotros se daña.

El amor ágape es imposible de alcanzar por nuestra cuenta. Necesitamos la gracia y la misericordia de Dios para limpiarnos, y necesitamos el empoderamiento del Espíritu Santo para llevarnos más allá de nuestra capacidad humana para que podamos amar verdaderamente.

> *Necesitamos la gracia y la misericordia de Dios para limpiarnos, y necesitamos el empoderamiento del Espíritu Santo para llevarnos más allá de nuestra capacidad humana para que podamos amar verdaderamente.*

El amor no es ofensivo, no exige que las cosas se hagan a su manera. (v. 5)

Οὐκ ἀσχημονεῖ (*ouk aschmonei*) a menudo se traduce como "no ofende." Se refiere a actuar de una manera inmoral o llegar a ser de esa manera, o mostrar desgracia. En el Antiguo Testamento, la referencia es a cuando una persona está desnuda y deshonrada (Ezequiel 16:7, 22, 39). En el mismo sentido, una persona castigada con más de cuarenta azotes puede ser humillada y deshonrada (Deuteronomio 25:3). En 1 Corintios 7:36, la "manera vergonzosa" se refiere a desear a una mujer de una manera sexual.

En un sentido práctico, el amar sin ofender no es para satisfacer nuestro propio confort personal, sino para conservar la

> *El amor nutre las interacciones y profundiza las relaciones.*

decencia en las relaciones. Por ejemplo, una persona puede querer caminar medio desnuda, pero si resulta incómodo para los demás y no es bien visto en una relación, no es amor. Más bien, el amor nutre las interacciones y profundiza las relaciones. Este también puede ser un punto a favor de tener grupos pequeños basados en el género para permitir la profundidad en las relaciones sin temor a una atracción inapropiada o no deseada.

Οὐ ζητεῖ τὰ ἑαυτῆς (*ou zetei ta haautes*) significa "no me buscaré a mí mismo", o un amor que no busque el propio camino. 1 Corintios 13:5 se refiere al amor que no exige su propio camino. Se conecta a la ofensa en el que no buscar o demandar el propio camino no debe ser para el propósito del beneficio personal, sino para el bien de otros.

Aquellos que buscan su propio placer están, como se mencionó anteriormente con respecto al orgullo, tratando de ser Dios. Es por eso que el apóstol Juan dice que no amen el mundo ni las cosas en él, porque Dios no está en aquellas personas que buscan la gloria personal (1 Juan 2:15–17). Aquellos que siguen a Jesús se niegan a sí mismos y siguen Su ejemplo de amar a Dios y a los demás (Mateo16:24).

No se irrita y no lleva un registro de las ofensas recibidas. (v. 5)

En la Nueva Traducción Viviente y en algunas otras versiones bíblicas, este versículo podría ser percibido incorrectamente como que el amor no debe irritar a los demás. Más bien, significa que cuando hay amor, el que da amor no se irrita ni siente provocación por cualquier respuesta que dé el receptor del amor. Las palabras griegas son οὐ παροξύνεται (*oun paroxunetai*), lo que significa "no provocado."

El amor no se irrita ni es fácilmente provocado. Significa no ofenderse. Lo que ofende a Dios a lo largo de la Escritura es el pecado o la rebelión contra Él (véanse Números 15:30; 20:24; Salmos 106:29, etc.). Sin embargo, el amor de Dios por Su pueblo nunca falla. Además, este mismo sentimiento de provocación u ofensa, es lo que el Espíritu Santo despierta en nosotros cuando Dios se siente ofendido por el pecado que nos rodea (Hechos 17:16).

Así como Dios odia el pecado, nosotros también debemos odiar el pecado. Sin embargo, así como Dios mira más allá del pecado y ama a la persona, así debemos mirar más allá del pecado y amar a la persona que es amada por Dios. Además, así como Dios nos ama y desea que vengamos a Él con humildad y arrepentimiento, debemos comunicar a nuestros hermanos y hermanas en Cristo acerca de cualquier pecado en sus vidas que ellos no vean, y debemos hacerlo por amor. Su respuesta es entre ellos y Dios, y no debemos sentirnos ofendidos por lo que nos devuelvan. Al mismo tiempo, nuestro amor por ellos, incluso el estar allí para ellos a través del tiempo (con paciencia), no debe cesar. También debemos esperar que, si aman a Dios y por consiguiente a nosotros, nos hagan ver cualquier pecado en nuestra vida que tal vez nosotros no veamos, y no debemos reaccionar en ofensa, sino que debemos ser receptivos a sus palabras, reconociendo su amorosa bondad.

El amor no explica los errores. Οὐ λογίζεται τὸ κακόν (*ou logizetai toe kakon*) de la palabra en realidad significa que el amor no piensa (o calcula) el mal de la otra persona. La primera palabra (*logizetai*) tiene la misma raíz que la palabra *lógica,* lo que significa calcular o pensar a través de los datos e identificar patrones. Entonces, a pesar de que ciertamente incluye el significado de no tener en cuenta los errores del pasado, también significa no considerar a nadie de mala manera debido a sus patrones pasados, datos, o historia, o tal vez incluso su estado mental actual o sus acciones.

Esto no es fácil, y necesitamos que Dios nos permita hacer esto. Considere a una persona que ha pasado gran parte de su pasado en la prostitución o la pornografía. Amar a esa persona tal como es, puede no ser fácil. Además, aquellos que han crecido en situaciones terribles de abuso, como haber sufrido tráfico humano cuando niño o vivir en las calles sin padres, pueden no tener mucha confianza ni siquiera en los Cristianos más amables. Tratar de llevarlos a un lugar de aceptación y confianza en los demás, que es cómo pueden aprender a confiar en Dios, no será fácil.[163] Necesitarán la ayuda de Dios para que los Cristianos los amen pacientemente y sin pensar mal de ellos, especialmente si reaccionan contra los que les ayudan o se rebelan contra ellos. Tal vez un buen ejemplo serían los padres que adoptan y son capaces de amar a sus hijos adoptados como propios.

Sabemos que Dios hizo lo mismo por nosotros. Primero proporcionó una manera temporal de estar en relación con El, a través de sacrificios de animales, en la que los sacrificios expiaban los pecados. Estas leyes eran imperfectas y no reparaban permanentemente la relación con Dios. Como resultado, vino a la tierra misma y murió, proporcionando un sacrificio permanente para que pudiéramos estar en relación con Dios para siempre: el significado de *Immanuel*. Dios ya no usa nuestros pecados ni nuestro pasado negativo contra nosotros (Hebreos 8:12–13).

No se alegra de la injusticia, sino que se alegra cuando la verdad triunfa. (v. 6)

Οὐ χαίρει ἐπὶ τῇ ἀδικίᾳ, συγχαίρει δὲ τῇ ἀληθείᾳ (*ou chirei epi te adikia sugchairei de te alatheia*) dice que el amor no se regocija(οὐ συγχαίρει) con sobre lo injusto(ἀδικίᾳ) sino que se regocija con la verdad(ἀληθείᾳ).

La palabra *regocijarse* es la misma palabra usada en la parábola de Jesús sobre el pastor que encontró a su única oveja perdida (Mateo 18:13). Es un gran regocijo que podría ir acompañado de celebraciones y festejos con mucha gente. Juan el Bautista también lo equipara con una ceremonia de boda donde el padrino se regocijaría por el éxito del novio (Juan 3:29).

La palabra *iniquidad* en las Escrituras a menudo se refiere al pecado o a la injusticia (por ejemplo, Romanos 9:14; 1 Juan 5:17). La palabra *verdad* se utiliza en muchos lugares de la Escritura para denotar la verdad absoluta. La *verdad* tiende a referirse a la enseñanza de la Escritura o de Jesús mismo. Algunos pasajes notables son cuando Jesús hace referencia a lo que es la verdad (Juan 14:6), y el pasaje que dice que el (Santo) Espíritu de verdad guiaría a Su pueblo hacia la verdad (Juan 16:13).

El mensaje es simple: no os regocijéis en el mal, sino regocijaros en la verdad. Por supuesto, esto es mucho más difícil de vivir en la práctica. Debido al deseo humano de tener el control, recibir alabanza y tener poder absoluto, es fácil para nosotros deleitarnos al ver las cosas malas que les suceden a los demás. Los medios de comunicación reciben mucha atención y seguidores al presentar las cosas negativas que están sucediendo. Los tabloides en las revistas de los supermercados atrapan las miradas de la gente. Quieren hablar de lo malo que le pasó a los demás, o como lo llaman algunos, chismes. Por mucho que queramos reconocer que no deseamos regocijarnos en el mal, hay una parte de nosotros que sí lo hace. ¡Es por eso por lo que necesitamos a Jesús!

Los Cristianos deben sumergirse en las Escrituras y pasar mucho tiempo en oración con Dios para conocer la verdad y llegar a ser uno con él. Esa es la manera en que somos capaces de

> *Los Cristianos deben sumergirse en las Escrituras y pasar mucho tiempo en oración con Dios para conocer la verdad y llegar a ser uno con él. Esa es la manera en que somos capaces de regocijarnos en la verdad en lugar de regocijarnos en el mal*

regocijarnos en la verdad en lugar de regocijarnos en el mal. Este aspecto del amor es difícil de mantener porque nuestros corazones y mentes tienen una tendencia a desear el beneficio propio. Necesitamos la obra sobrenatural de Dios para poder regocijarnos en la verdad sin regocijarnos en el mal.

El amor nunca se da por vencido, jamás pierde la fe, siempre tiene esperanzas y se mantiene firme en toda circunstancia. (v. 7)

Πάντα στέγει, πάντα πιστεύει, πάντα ἐλπίζει, πάντα ὑπομένει (*panta stegei, panta pistevei, panta elpizei, panta hupomenei*) son las cuatro frases del versículo 7. *Panta* significa todo, siempre, definido, y, sobre todo. *Stegei* significa soportar y perseverar. *Pistevei* significa creer. *Elpizei* significa esperar. *Hupomenei* significa soportar y esperar en perseverancia. *Hupomenei* es la misma palabra para la paciencia que se utiliza en 2 Pedro 1:6.

Juntas, estas frases dicen que el amor siempre tiene fe y esperanza y perdura en perseverancia. El amor cree en lo que sea mejor para alguien, y tiene fe en que Dios puede hacer cosas poderosas a través de esa persona. Aquellos que aman permanecen con el tiempo, confiando en que Dios hará lo mejor en la vida de la otra persona. Por eso, cuando oramos en amor por alguien, esperamos lo más alto y lo mejor para esa persona. Independientemente del pasado de la persona, los Cristianos creen que Dios hará lo mejor a través de ellos.

El apóstol Pablo concluye el capítulo con tres cosas que permanecen: fe, esperanza y amor (1 Corintios 13:13). Con el tiempo, el amor parece llevar a perseverar en la paciencia. Pablo dice que la fe y la esperanza son necesarias, pero permanecer con los demás a través del tiempo, sin importar las circunstancias, *amar*, es el llamamiento máximo y más alto. Es por eso por lo que dice que las cosas que requieren fe y esperanza, como la profecía y hablar en lenguas, se *desvanecerán, pero el amor durará para siempre* (1 Corintios 13::8).

Dios es amor, y nos llama a representarlo

Conectemos 1 Juan 4:7–8 con 1 Corintios 13. *Dios es amor* (1 Juan 4:8). En 1 Corintios 13:4–7, el carácter de este amor se da con mayor detalle. Considere lo siguiente:

- Dios es paciente.
- Dios es bondadoso.
- Dios es celoso (porque es Dios y merece la gloria).
- Dios no es jactancioso ni orgulloso.
- Dios no ofende. Nos guía suavemente de manera que lo podamos seguir.
- Dios no exige que hagamos Su propio camino. Nos ha dado libre al libre albedrío para decidir y actuar.
- Dios no se ofende por lo que somos, pero se opone al pecado y a la injusticia.
- Dios no lleva un registro del mal que hemos hecho. Lo disolvió a través de Jesús.
- Dios no se regocija en la injusticia, sino que se regocija en la verdad. Quiere lo mejor para nosotros.
- Dios nunca se rinde ni pierde la fe. Siempre está esperanzado, y aguanta con nosotros. Su amor perdura para siempre, y ahora es Immanuel: Dios con nosotros.

A medida que crecemos en nuestra relación con Él, nosotros también podemos crecer en amor. Debemos permanecer cerca de Él, especialmente cuando procuramos cumplir con el llamamiento más elevado: amar con el amor incondicional de Dios.

Reflexiones para Grupos Pequeños

1. ¿Cuáles son los llamamientos que Dios ha compartido con usted y dónde se encuentra usted en términos de acción y fe respecto a lo que Dios ha planeado para usted?

2. ¿Cómo puede cumplir con el llamamiento más alto desde donde está hoy?

3. ¿Qué aspectos del amor le gustaría mejorar, y hacia quién?

Capítulo Siete

Ser un Discípulo para Hacer Discípulos

Una guía práctica para la ejecución de la gran Comisión
A través de grupos pequeños exitosos

La gente está buscando el significado de la vida; pueden llegar a conocer a Dios cuando compartimos a Dios con ellos a través de nuestras vidas y a lo largo del tiempo.[164]

En este capítulo final, presento orientaciones prácticas sobre la gestión de grupos pequeños basadas en mis limitadas experiencias con varios grupos pequeños. Estas son simplemente pautas, ya que no hay dos grupos pequeños iguales. Los grupos pequeños consisten en unas pocas personas con diferentes tendencias y niveles de fe. No hay dos grupos pequeños que funcionen igual, ni se debe comparar uno con otro. Puede ser que, en ese grupo que parece débil e impotente, los miembros se encuentran con Dios y transformen el mundo.

El objetivo de este capítulo es compartir algunos principios beneficiosos del discipulado. Espero seguir desarrollando estos principios con otros Cristianos, incluso tal vez ustedes, a medida que continuamos reuniéndonos, aprendiendo y siguiendo a Jesús. Estos principios podrían ser un buen punto de partida para cada uno de nosotros a medida que los adaptamos a las necesidades y situaciones de nuestro propio grupo. Únanse a mí mientras ayudamos a los miembros de la Iglesia global a profundizar en su relación con Dios.

Comencemos con nosotros mismos y con nuestros grupos pequeños, haciendo discípulos de Jesús al ser nosotros mismos Sus discípulos.

Antes de entrar en la guía práctica, considere pasajes de las Escrituras donde las personas fueron llamadas discípulos. De estos versículos, podemos ver lo que significa ser discípulo de Jesús. Las características de un discípulo son las siguientes:

- Llamado (Mateo 4:18–22)
- Cree en Jesús (Juan 8:31)
- Es fiel a la Palabra de Dios (Juan 8:31)
- Se niega a sí mismo (Mateo 16:24)
- Tiene el amor de Dios (Juan 13:34–35)
- Humildemente sirve a los demás (Marcos 10:45)
- Hace otros discípulos (Juan 15:8; 2 Timoteo 2:1–2)

Los Cristianos deben preguntarse si se ajustan a estas descripciones y si están comprometidos a crecer como discípulos de Jesús. A medida que los Cristianos se centran en el crecimiento personal a través del discipulado, otros discípulos se crearán naturalmente, a través de las nuevas relaciones que formen.

Estructura básica de un grupo pequeño

El enfoque clave de un grupo pequeño son las relaciones profundas, así como estamos llamados a tener una relación profunda con Dios. Como resultado, se presentan las siguientes cuatro estructuras fundamentales clave. El objetivo de los grupos pequeños es desarrollar relaciones profundas a través de compartir vidas. Por lo tanto, es aceptable reunirse incluso si los miembros no encajan perfectamente en las cuatro estructuras, siempre y cuando las personas sean capaces de compartir sus vidas junto con los demás en el grupo. Sin embargo, las siguientes cuatro estructuras fundamentales son a menudo condiciones que permiten compartir la vida y conducir a un grupo de discipulado saludable.

> *El enfoque clave de un grupo pequeño son las relaciones profundas, así como estamos llamados a una relación profunda con Dios.*

Estructura Fundacional 1: Compromiso individual con el crecimiento y el compartir la vida, ¡aunque las visitas también son bienvenidas!

Ante todo, debemos reconocer que el discipulado es para aquellos que ya son creyentes, al igual que los servicios de adoración en las iglesias. Está bien dar la bienvenida a los visitantes, pero un grupo que acaba de comenzar debe iniciarse con tres o más personas que estén de acuerdo y se comprometan a crecer en discipulado. Este compromiso no quiere decir que uno no se pierda ninguna reunión futura o que el horario nunca pueda cambiar, pero es un acuerdo de búsqueda entre tres o más hermanos o hermanas para crecer en el discipulado y compartir sus vidas a lo mejor de su capacidad.

> *El discipulado es para aquellos que ya son creyentes.... Comiencen con tres o más personas que estén de acuerdo y se comprometan a crecer en su discipulado.*

Esto significa que, entre sí, están de acuerdo con la hermandad, es decir, están de acuerdo en estar allí el uno para el otro, para cuidar y ver por los demás, y para orar en amor el uno por el otro. Los miembros también deben tener en común un deseo personal de crecer en Cristo.

Después de algún tiempo reuniéndose entre sí, una vez que las personas se sientan más cómodas, podrán invitar a otros. Mientras los miembros sientan que se están beneficiando a través de las relaciones creadas, es probable que inviten naturalmente a otras personas que sean similares a ellas.

Dado que los hermanos y hermanas del grupo ya están en comunicación, podrán avisar cuando tengan la intención de llevar a alguien a su próxima reunión. Pueden dar la bienvenida a la nueva persona y asegurarse de que se sientan cómodos compartiendo todo lo que deseen, al mismo tiempo que les hacen saber que son libres de participar o no participar en cualquier actividad que consideren conveniente. Los invitados siempre son bienvenidos a unirse a la oración, lectura de la Biblia, etc., pero no están obligados a hacerlo. Pueden simplemente observar, si eso es lo que los hace sentirse más cómodos.

Estructura Fundacional 2: Proximidad y Encuentro en Persona

Con la pandemia de coronavirus que se ha producido en todo el mundo, muchas personas, incluidas las que están en los negocios o en la Iglesia, se han reunido a través de plataformas de vídeo en línea como Zoom, WebEx o Google Hangouts. La asistencia a la Iglesia ya estaba en declive debido a que muchas personas piensan que la adoración se puede llevar a cabo al ver un sermón en línea. Ahora que se ha requerido que la adoración sea en línea debido a la pandemia, aún más personas podrían sentir que este tipo de adoración es aceptable para Dios. A medida que el mundo continúa volviéndose hacia el individualismo, donde todos deben convertirse en una isla, la Iglesia debe luchar para unirse y hacerlo en persona siempre que sea posible (véase Hebreos 10:24–25).

Como resultado, al formar grupos pequeños, es importante medir la proximidad de la(s) ubicación(es) natural(es) de los participantes. Un lugar natural es simplemente donde se encuentra la persona. Generalmente hay dos ubicaciones principales, el hogar y el trabajo, pero dependiendo del estilo de vida, puede haber más o menos.

Por ejemplo, si alguien vive en un suburbio fuera de la ciudad de Nueva York, pero trabaja en la ciudad de lunes a viernes, entonces es razonable participar en un grupo pequeño que se reúna semanalmente en la ciudad de Nueva York. La persona también puede decidir unirse a un grupo pequeño en los suburbios, cerca de casa, que se reúna los fines de semana o por las noches, fuera del horario laboral.

La razón de la proximidad es simple: debe haber interacciones frecuentes entre sí. Ciertamente, esta no es una regla inflexible, ya que alguien que vive a una hora de distancia puede simplemente sentirse

> *La razón de la proximidad es simple: debe haber interacciones frecuentes entre sí.*

cómodo asistiendo al grupo, y esto es aceptable siempre y cuando se pueda dar la convivencia. Sin embargo, cuando uno comienza a sentir que es una carga el viajar para conocer a los demás y reunirse con ellos se convierte en un lastre, este es un problema que surge debido a la falta de proximidad, lo que debilitará las relaciones. Además, si una persona está más lejos del resto, los otros miembros no pueden visitar cómodamente a esa persona, y esto rompe la capacidad de compartir vidas juntos.

Tenía un amigo de la escuela secundaria que se presentaba en mi puerta sin previo aviso. Se asomaba a la ventana de mi habitación y decía: "¡Hola, Sang! ¿Qué estás haciendo?" Cuando era más joven, sentía que esto era una invasión de mi privacidad. Ahora me doy cuenta de que era un verdadero amigo que me conocía y era una persona con la que podía compartir mis secretos más profundos. Fue uno de mis padrinos en mi boda, y como un verdadero profeta y amigo, me señaló honestamente y sin miedo cada vez que me equivoqué. Todos necesitamos amigos como este.

En nuestro mundo moderno nos dirigimos hacia el individualismo, mientras que la Iglesia está llamada a la comunidad. Esta evolución crea dos palabras clave que los Cristianos deben manejar con cuidado: la privacidad y la globalización.

La privacidad es, con certeza, importante, especialmente a medida que aumenta la globalización y los dispositivos comienzan a administrar nuestras identidades. Debe haber mayor privacidad entre el esposo y la esposa que entre otros amigos, ya que están unidos como uno, según lo ordenado por Dios (Génesis 2:22–24). Sin embargo, también puede haber amigos más cercanos que un hermano (Proverbios 18:24), donde el hombre puede confiar en otro hermano, o una mujer puede confiar en otra hermana, las cosas que experimentan como hombres y mujeres. Sin embargo, cuando las personas se aferran a la privacidad, el compartir la vida se detiene, ya que la única vida que importa es la suya. Los Cristianos no deben operar de esa manera.

> *Cuando las personas se aferran a la privacidad, el compartir la vida se detiene, ya que la única vida que importa es la suya. Los Cristianos no deben operar de esa manera.*

En asuntos públicos, los Cristianos deben ser lo suficientemente transparentes y presentables como para compartir su fe dentro y fuera de temporada (2 Timoteo 4:2). En asuntos privados, debe haber algunas personas que puedan ver a la persona, incluso en sus momentos más débiles, tal como Jesús lo permitió (Mateo 26:36–37).

Para las personas casadas, este círculo debe ocurrir primero entre marido y mujer. Si su relación matrimonial no es buena, entonces es muy probable que su relación con Dios y sus relaciones con los demás no sean buenas. El círculo debe crecer a otras personas de confianza que sean del mismo género que usted. La rendición de cuentas del mismo sexo es mucho más importante cuando está casado porque nadie debería ser competencia para su cónyuge, ¡nunca! Incluso antes del matrimonio, es importante hacer esto para proteger su pureza para su futuro cónyuge. (Si usted está buscando dialogar sobre estos asuntos, ¡un grupo pequeño sería muy útil!).

La privacidad es un tema creciente, y más aún a medida que el mundo se vuelve más personalizado a través de la globalización, lo que requiere una mayor seguridad. Sin embargo, los Cristianos deben reconocer que la privacidad puede funcionar contra una comunidad llamada por Dios, o incluso contra nuestro llamamiento más alto de amarse los unos a los otros.

El segundo fenómeno que los Cristianos deben manejar bien es la globalización. La globalización dice que *puedo estar en cualquier parte del mundo y aun así unirme a ustedes*. Las iglesias en línea ofrecen esto hoy, y muchos jóvenes sienten que pueden participar en la iglesia a través de la conexión en línea. Durante una pandemia, mientras sigue las ordenes de las autoridades gubernamentales, es bueno aprovechar la tecnología; sin embargo, esta no puede ser la norma. Los Cristianos están llamados a reunirse, especialmente porque la gente querrá dejar de hacerlo (Hebreos 10:25). La Iglesia es

> *El individualismo está arraigado en el deseo de cada ser humano de ser Dios, y el mundo de los negocios aprovecha este hecho para hacer más ventas. El individualismo aísla a las personas unas de otras y de Dios mismo.*

una comunidad de creyentes en su conjunto, y esta comunión con Jesús persistirá para siempre en los días venideros. El individualismo está arraigado en el deseo de cada ser humano de ser Dios, y el mundo de los negocios aprovecha este hecho para hacer más ventas. El individualismo aísla a las personas unas de otras y de Dios mismo.

Algunas personas fomentan la creación de comunidades en línea. En algunos casos esto es importante, y espero que este aspecto crezca. Un ejemplo que espero con ansias es poder continuar las frecuentes reuniones familiares con mis dos hijos cuando vayan a la universidad. La conectividad en línea nos mantiene unidos; sin embargo, no debo conformarme con las reuniones en línea durante largos períodos de tiempo, ya que sería más valioso poder verlos en persona.

Esta es la razón por la cual la proximidad es importante, incluso en la era de Internet y los dispositivos móviles. Un grupo pequeño debe estar formado por hermanos o hermanas que estén a una corta distancia entre sí para que puedan reunirse para almorzar o ir a caminar juntos, como sea permitido. Por supuesto, puede haber ocasiones en que un hermano o hermana viaje a otro país, tal vez incluso por un tiempo prolongado. Mientras sea temporal y la relación exista y pueda fomentarse a pesar de la distancia, es aceptable. Sin embargo, los Cristianos deben tener cuidado al dar la bienvenida a una nueva persona que viene de lejos y quiere mantener esa relación a distancia.

Estructura Fundacional 3: Semejanza en el estilo de vida y en la persecución

¿No es suficiente que estemos unidos en Cristo? Lo discutí conmigo mismo durante bastante tiempo. Requerir similitud en el estilo de vida y la búsqueda puede crear divisiones percibidas, pero esto es necesario y bueno. La razón por la que la similitud en el estilo de vida y la búsqueda son importantes es porque de solo de esa manera pueden compartir sus vidas mientras conviven con personas de su localidad.

Jesús conoció a las personas que vivían donde Él estaba al contextualizar. Hablaba con los líderes judíos de manera diferente a como le hablaba a la mujer en el pozo. El apóstol Pablo también asumía diferentes funciones, dependiendo de las personas a las que estaba ministrando (1 Corintios 9:19–23). Los creyentes también tienen llamamientos únicos, y puede beneficiarles el hablar con personas que están en caminos similares. Además, contextualizar es beneficioso para hacer nuevos discípulos (1 Corintios 9:22).

Considere un escenario en donde el estilo de vida y las metas son diferentes. Un joven universitario se une a un grupo pequeño en el que los otros miembros son madres con niños pequeños. El joven estudiante universitario acaba de obtener sus primeras responsabilidades individuales y libertades ahora que está viviendo lejos de sus padres, mientras que las madres ya pasaron esa fase y están fuertemente enfocadas en atender a los más pequeños. La conversación no se correlacionará bien, y el estudiante universitario se sentirá ajeno.

En secciones anteriores, compartí que los grupos pequeños debían estar formados por personas del mismo sexo. La razón central de esto es porque los hombres y las mujeres están llamados a cosas diferentes. Por ejemplo, los hombres deben ser el jefe de la familia, el líder que es responsable de la familia (Efesios 5:23). Por mucho que las esposas los apoyen, los hombres deben cumplir el llamado de Dios, que probablemente incluye sus responsabilidades con su familia. Ese estímulo para seguir adelante puede ocurrir dentro de la familia, pero puede ser beneficioso recibir el aliento de otros hombres que se esfuerzan por hacer lo mismo.

Sin embargo, la separación de géneros no significa que no puedan reunirse una vez al mes, o durante los veranos, con sus esposas, hijos u otros significativos. Es maravilloso que las esposas se conecten y que los niños jueguen juntos. Establecer otras reuniones como el golf o los bolos, dependiendo de los intereses de la mayoría, puede resultar en maravillosos momentos de comunión. Como resultado de estos acontecimientos, pueden compartir sus vidas.

Otros grupos pequeños que pueden formarse con estilos de vida y actividades similares pueden consistir en esposas de hombres temerosos de Dios. Tal vez puedan ser alentados por otras esposas que tienen hijos y/o carreras para ayudar a su familia a cumplir los llamamientos dados por Dios. Otro grupo pequeño podría estar formado por pastores Cristianos. Otro grupo podría ser para los Cristianos que están profundamente involucrados en la música y la adoración. Podría haber un grupo para universitarios solteros que quieran dedicarse a Dios. Con un interés similar en sus corazones, pueden unirse y orar a Dios por el poder y la capacidad de cumplir sus llamamientos.

Esto plantea la pregunta necesaria: ¿No habría separación entre personas de diferentes razas y culturas? La respuesta es sí y no.

En el último ejemplo dado, tal vez si las mujeres universitarias individuales forman su propio grupo pequeño, podrían unirse con el grupo de hombres universitarios una uno o dos meses para hablar de temas en común. Quién sabe, ¡algunos miembros podrían necesitar formar un nuevo grupo pequeño para parejas recién casadas! Los grupos podrían trabajar juntos, y aunque su enfoque no se centraría en encontrar un cónyuge, eso podría terminar siendo parte de él. El propósito de cada grupo sería el discipulado, razón por la cual se reunirían con su propio género regularmente para compartir sus vidas.

Hoy en día, debido a los recientes acontecimientos en los Estados Unidos, hay una mayor atención sobre el racismo, especialmente hacia los afroamericanos y el término "las vidas negras importan." ¿Habría un problema o una división entre los Cristianos si los afroamericanos, los asiáticos y los caucásicos se reunieran por separado? La respuesta es no. De hecho, a veces podría ser mejor.

Permítanme explicar. Los afroamericanos podrían vivir muy cerca de otros afroamericanos. Los afroamericanos también podrían relacionarse mejor con otros afroamericanos, tal vez aún más si emigraron a Estados Unidos en su edad adulta. Lo mismo resulta cierto para los asiáticos y las personas de todas las demás culturas. Como resultado, es más importante conectarse con personas que pueden apoyarse mutuamente desde donde están. La mayor importancia en un grupo pequeño es que los miembros puedan compartir cómodamente sus vidas entre sí.

Ahora, supongamos que cuando un grupo caucásico se reúne para una reunión, uno o más de los miembros comparten que sienten la necesidad de hacer algo sobre el racismo contra los negros en Estados Unidos. Pueden llegar a un grupo pequeño afroamericano cerca de ellos y preguntar si estarían dispuestos a asociarse, o tal vez simplemente celebrar reuniones conjuntas para que puedan trabajar colectivamente en esto y servir a Cristo juntos. Y, por supuesto, también pueden formar un grupo pequeño con miembros de diferentes culturas y orígenes si viven muy cerca unos de los otros y tienen intereses y/o actividades similares.

Además, puedo decir con gran confianza que los hermanos que forman el grupo pequeño de empresarios Cristianos en Nueva York provienen de todo tipo de culturas y orígenes. Tienen diferentes tipos de educación, experiencias laborales y situaciones financieras, pero aquel que tiene mucho no tiene demasiado, y el que tiene poco tampoco tiene demasiado poco (este es el mensaje de Éxodo 16:18, repetido de nuevo en el contexto de dar en 2 Corintios 8:12–15). Nuestras muchas conversaciones, que nos permiten avanzar como un todo colectivo, demuestran que grupos tan culturalmente diversos también pueden ser fructíferos.

La única pregunta que queda para los Cristianos en grupos pequeños es: ¿Son capaces de compartir sus vidas? Esta puede ser una pregunta dirigida a personas que se sientan alejadas, o al grupo en su conjunto, si son incapaces de tolerar las diferencias en los estilos de vida y las actividades de los miembros del grupo.

Sin embargo, siempre y cuando los miembros puedan conectarse y se sientan cómodos compartiendo sus vidas juntos, el requisito de similitud es menos relevante. Por ejemplo, tal vez en un grupo de abogados Cristianos masculinos haya un músico. Si el músico y los abogados son capaces de conectarse en sus conversaciones y relaciones y no les agobian las diferencias, la similitud ya no es un requisito. Por otro lado, si el músico se centra en la búsqueda de la música mientras que los abogados reconocen una llamada diferente, entonces eso puede ser un obstáculo para profundizar en la relación. Tal vez, dependiendo de la fuerza y la longevidad del grupo, la solución no es disolver el grupo, sino invitar a otros para que crezca en tamaño y pueda dividirse en dos, donde los miembros de cada grupo puedan relacionarse mejor entre sí.

Por último, consideren cómo un fugitivo reunió a las personas para formar una hermandad entre otras como él, construyendo lealtad y apoyo, incluso hasta que se convirtió en rey, manteniendo a esos hermanos leales cerca de él incluso cuando fue rey. 1 Samuel 22:1–2 dice que David comenzó a reunirse con personas *similares, hombres que estaban en problemas o endeudados o que simplemente estaban descontentos.* David formó una hermandad con esos hombres en esta fase de su vida y tuvo el reconocimiento de unos cuatrocientos hombres. En tal relación, estos cuatrocientos hombres probablemente se seguirían en diferentes actividades porque confiaban el uno en el otro. En esta historia, confiaron en David y lo siguieron. Estas son probablemente las personas que David colocó como funcionarios de su reino debido a su confianza en ellos.

Las similitudes pueden conducir a grupos pequeños que operan juntos para el reino de Dios. Esto puede suceder debido a las similitudes que Dios pudo haber puesto en las circunstancias o actividades de sus vidas. Considere también los grupos pequeños que cubrimos en el capítulo 5 y que lograron grandes resultados; esos grupos pequeños se formaron debido a su pasión y vocación similares. En la historia de David, el grupo que comenzó con cuatrocientos hombres continuó creciendo en número. Lo mismo sucederá en los grupos pequeños, ya que los miembros que se reúnen en pequeñas cantidades interactúan con otras personas que los conocen, y así sucesivamente.

Las similitudes permiten compartir la vida, y es ahí donde se puede encontrar la profundidad del amor y la dirección, tanto individual como colectivamente, para que podamos procurar cumplir el llamado que Dios tiene para nosotros.

> *Las similitudes permiten compartir la vida, y es ahí donde se puede encontrar la profundidad del amor y la dirección, tanto individual como colectivamente, para que podamos procurar cumplir el llamado que Dios tiene para nosotros.*

Estructura Fundacional 4: Reuniones Frecuentes a lo largo del Tiempo— En Grupos y como Individuos

> *Adoraban juntos en el templo cada día, se reunían en casas para la Cena del Señor y compartían sus comidas con gran gozo y generosidad.*
>
> Hechos 2:46

Generalmente, esa es la respuesta a la frecuencia con la que los grupos pequeños deben reunirse.

Es cierto que, en los días de Jesús, las personas vivían cerca unas de otras y podían reunirse diariamente (¡y a menudo varias veces al día!), mientras que hoy en día, las personas viven y trabajan mucho más lejos unas de otras, lo que lo hace difícil. Es por eso por lo que los Cristianos cercanos entre sí deben formar sus propios grupos siempre que sea posible. Idealmente, los miembros deben estar lo suficientemente cerca para que puedan pasar por el trabajo de otra persona o su casa con poca antelación. Esto es lo que significa compartir vidas juntos.

> *Generalmente, esa es la respuesta a la frecuencia con la que los grupos pequeños deben reunirse. . . .. Las interacciones frecuentes del grupo permiten el crecimiento de la relación, la rendición de cuentas y el discipulado.*

Es importante planificar reuniones frecuentes. En mi experiencia, debería ser una vez a la semana. Las interacciones frecuentes del grupo permiten el crecimiento de la relación, la responsabilidad y el discipulado. Las reuniones semanales también permiten a las personas ocupadas bloquear el tiempo, priorizando la reunión de grupos pequeños.

Las reuniones pueden ser, sin duda, cada dos o cuatro semanas, pero eso tiende a causar retrasos en la construcción de relaciones, y dado que muchas cosas pueden suceder durante ese tiempo, los miembros pueden terminar hablando a un nivel superficial cuando se juntan para una breve reunión. Aunque algunos miembros reconocen la necesidad de la profundidad y tratan de proporcionar y recibir una conversación genuina, eso puede no suceder simplemente debido a limitaciones de tiempo. Por cortesía y para permitir que todos hablen, los miembros solo podrían hablar a nivel superficial, y la conversación más profunda podría quedarse para otro momento, lo que significa que probablemente no ocurriría.

Además de las reuniones semanales, los miembros deben llamarse y reunirse para almorzar, hacer ejercicio, practicar deportes o incluso para visitar su lugar de trabajo con el fin de pasar tiempo individual juntos. El objetivo no es hacer que las reuniones sean obligatorias y forzadas, sino desarrollar relaciones más profundas entre sí a medida que crecen juntos en discipulado.

¿Cuáles son los resultados que se pueden esperar en una reunión de grupo pequeño?

Esto se puede resumir en tres palabras: Nada. Algo. Todo.

Nada

El grupo se reúne incluso en medio de *nada;* es decir, el grupo se reúne incluso si nada cambia en las circunstancias personales o no hay nada nuevo de qué hablar. Los miembros pueden simplemente reunirse, pasar por una actividad planificada (ver la siguiente sección para el contenido sugerido para las reuniones de grupos pequeños) y orar el uno por el otro. Puede parecer que no pasa nada, pero los miembros del grupo lo reconocen como parte del proceso.

Algo

El objetivo de cada reunión es compartir la vida. Esto puede significar que, cuando hay una reunión y una actividad de hora y media planeadas, y un miembro aparece con una situación o pregunta grave, entonces la conversación de toda la reunión podría enfocarse únicamente alrededor de eso. Las necesidades de los miembros tienen mayor prioridad sobre las actividades generalmente planificadas. Deje que Dios tome el control, podría sorprenderles con *algo*.

El grupo a menudo debe tener un plan general de qué cubrir para que los miembros puedan hacerlo juntos, como un devocional grupal, un capítulo de la Biblia o un libro Cristiano sobre un tema de interés. El plan sería pasar por ese material durante la reunión, pero ocuparía el segundo lugar, para permitir que los miembros compartan sus vidas. Algunos ejemplos serían las nuevas peticiones de oración, los éxitos o los fracasos con respecto a las cosas discutidas en reuniones pasadas, o la nueva dirección de Dios. Otros planes posibles podrían incluir la construcción de un nuevo plan juntos para las actividades grupales para futuras reuniones. El grupo en conjunto opera orgánicamente y toma decisiones como un grupo para permitir mejor el intercambio de vidas, incluyendo la de la familia, el trabajo / negocios, y cualquier otra cosa que sea importante para ellos. Entonces pueden elevarlos en oración a Dios. Déjeselo a Dios y confíe en Él para que guie las reuniones y produzca los resultados, Él aportará algo.

Todo

A través de estas reuniones, pueden ocurrir transformaciones de vida. Las personas pueden llegar a reconocer lo mucho que se han alejado de Dios, o se dan cuenta de que cierto pecado les está impidiendo seguir adelante en el cumplimiento de su gran llamamiento. Los miembros pueden plantear preguntas sobre decisiones importantes en su vida, y pueden orar juntos y pedirle guía a Dios.

Los miembros experimentan a Dios, juntos, y lo ven lograr avances. Pueden darse las sanidades y pueden ocurrir milagros. Suceden en el contexto de las relaciones, y los hermanos y hermanas estarán allí cuando estas cosas sucedan, y también durante las secuelas. La vida se transforma y se renueva, y se establece una nueva dirección. Dios se convierte en su *todo* a medida que lo cambia *todo*.

Durante los años de convivencia pueden verse unos a otros tal cual son, animándose cuando lo necesiten, porque saben qué obstáculos ha superado la persona en sus vidas. Dios puede trabajar en ellos y a través de ellos durante un largo período de tiempo, y los hermanos y hermanas de confianza pueden estar con ellos en su camino.

¿Qué se debe hacer en las reuniones para grupos pequeños?

> *Todos los creyentes se dedicaban a las enseñanzas de los apóstoles, a la comunión fraternal, a participar juntos en las comidas (entre ellas la Cena del Señor), y a la oración.*
>
> Hechos 2:42

En el versículo anterior se enumeran cuatro componentes clave de un grupo pequeño exitoso. Son:

- Estudio/devoción a la Palabra de Dios
- Comunidad, pasar tiempo juntos si apresurarse
- Comer juntos
- Oración

Es importante reconocer que no tienen que ocurrir las cuatro cosas anteriores en cada reunión, pero los miembros pueden decidir juntos cómo lograrlo y hacerlo mejor. Esto puede significar dedicarle una reunión cada mes a la oración, mientras que otras reuniones podrían consistir en leer un devocional y comer juntos. De vez en cuando, los miembros pueden salir a ver una película, ir a los bolos o tener una fiesta en la casa de un miembro en la que se invita a familiares y amigos. Todo esto puede ocurrir a través del tiempo.

¿Dónde debemos reunirnos los grupos pequeños?

Esfuércese por reunirse en la casa de una persona o, para propietarios de negocios o profesionales que puedan tener un espacio para reunirse, en un lugar de trabajo. Rote las ubicaciones de los miembros si es logísticamente posible. Esto sirve para dos propósitos: (1) La reunión de grupo se desarrollará en calma, en lugar de reunirse en cafeterías y restaurantes donde se espera que los clientes se vayan una vez que la comida/bebida ha terminado. 2) Es más acogedor y las vidas se comparten mejor cuando el anfitrión abre su hogar / negocio a los demás.

Cuando cualquiera de estas opciones no esté disponible, busque lugares públicos como cafeterías y restaurantes, o posiblemente parques al aire libre donde pueda ocurrir una reunión sin límites de tiempo.

Características de los grupos pequeños fuertes

- *Autodirigido.* Por lo general, no debe haber ninguna influencia o autoridad externa para establecer reglas sobre cómo funciona el grupo pequeño. Esto significa que los grupos pequeños no tienen tanto éxito cuando están bajo la dirección o autoridad de una iglesia o un pastor. Los miembros del grupo pequeño son personas que aman a Dios y desean crecer en su fe. Deben procurar seguir a Dios a medida que Él los guía.

A veces, sólo como decisión de los miembros del grupo pequeño, pueden solicitar a un pastor que los guíe, tal vez cuando estén empezando; sin embargo, la elección pertenece a los miembros del grupo pequeño para dirigir tales decisiones y crecer como consideren conveniente.

- *Comunicación frecuente entre los miembros*, a menudo mediante una función de chat de grupo móvil. Las personas pueden compartir noticias acerca de sus actividades, solicitudes de oración a medida que se necesiten, u ofrecer palabras de aliento o algún mensaje acorde. Esto puede proporcionar un espacio para el compromiso y la participación de todos los miembros, incluso fuera de la reunión semanal.

- *Lecturas bíblicas diarias y compartir un versículo favorito.* El grupo pequeño elegiría un libro de la Biblia para empezar, leyendo un capítulo cada día y compartiendo un versículo de esa lectura en un chat grupal como se hizo anteriormente. Como resultado de cada persona que comparte, se alienta a los miembros a leer la Biblia por su cuenta y a comprometerse con el grupo. Además, esto permite a los miembros compartir sus pensamientos sobre el versículo o hacer preguntas para permitir un mayor compromiso. Si surge algún tema importante, el grupo puede decidir profundizar cuando se reúnan.

- *Coordinador o líder.* En cierto sentido, la palabra *coordinador* encaja bien, porque un grupo pequeño fuerte es aquel en el que todos están comprometidos. Como hermanos/hermanas que son iguales, deben tomar decisiones juntos para cualquier cosa, ya sean planes para reuniones semanales, actividades futuras, decisiones para cambiar el enfoque, etc.

Sin embargo, también se puede utilizar la palabra *líder* porque esta persona sería la que configuraría los componentes administrativos, tales como la programación de la reunión, que puede incluir ponerse en contacto con otros, asegurar métodos y / o lugares para reunirse, etc. Además, a medida que el ajetreo se apodera de la vida de muchos Cristianos, el coordinador puede necesitar salir de los límites administrativos para llegar a la persona como líder/alentador espiritual, ayudándolos a regresar a Cristo. Este tipo de liderazgo es especialmente importante mientras el grupo se está formando y aprendiendo a trabajar juntos.

El coordinador o líder debe proporcionar una amplia comunicación. Esto permite que los miembros participen y se sientan conectados con las actividades del grupo.

El coordinador o líder debe orar, y debe hacerlo a menudo. Tal persona puede llevar a los demás a confiar más en Dios en cuanto a las circunstancias y decisiones de la vida. Todos los miembros deben seguir su ejemplo, pero a menudo comienza con la solicitud y el ánimo de una o dos personas que hacen de ésta la cultura del grupo.

- *Tamaño de grupo pequeño*. Al mantener las relaciones como prioridad, los grupos no pueden ser demasiado grandes durante mucho tiempo. El tamaño ideal debe ser ocho, con un mínimo de tres y un máximo de doce. Dije "mucho tiempo" porque puede haber momentos en los que invitemos a otros y tengamos un grupo de quince o veinte. Está bien, siempre y cuando no se convierta en la norma. Después de algunas de estas reuniones de excepción, debe tener lugar una reunión de grupos pequeños de tamaño regular para que los miembros puedan volver a hablar de sus pensamientos y compartir sus vidas.

- *Variaciones apreciadas.* El beneficio clave de los grupos pequeños es que son pequeños y pueden moverse relativamente rápido, al igual que la agilidad de las empresas emergentes en comparación con la de un negocio establecido. Como ejemplo práctico, cuando suficientes miembros anuncian que no pueden asistir a la próxima reunión, los dos, tres o cuatro que están disponibles podrían salir a comer a un buen restaurante en lugar de celebrar una reunión regular. En lugar de reunirse en un restaurante, también podrían elegir algunas otras actividades ser bienvenidas. Así es como ponemos la vida en primer lugar. Tenga en cuenta que esas horas no se pasaron en adoración ni en lectura de la Biblia, a pesar de que es, sin duda, algo que se puede hacer.

- *Reúnase semanalmente.* Como se mencionó anteriormente, una semana parece ser el mejor intervalo para las reuniones formales de grupos pequeños. Esto permite que las personas ocupadas programen y recuerden la hora de las reuniones. Además, proporciona un intervalo lo suficientemente corto como para que los miembros puedan ponerse al día con los cambios que se produjeron durante ese corto tiempo. Tampoco debe ser tan largo que los miembros que se pierdan la reunión no puedan ponerse al día la semana siguiente. Cuando los miembros se pierdan demasiadas reuniones, comenzarán a sentirse alejados del grupo. Los intervalos de reunión que van más allá de una semana tienden a sufrir los impactos negativos que se mencionaron anteriormente, incluida la dificultad en la programación, así como verse obligados a hablar a nivel superficial, por cortesía.

1. *Mismo género*. Esto permite una mayor intimidad sin temor a la atracción lujuriosa, y promueve la pureza fiel hacia su cónyuge o futuro cónyuge. Esto es de suma importancia en un entorno de grupo pequeño, donde puede haber momentos en que sólo dos miembros se conectarían y profundizarían en las cosas que son más privadas e importantes para ellos. A medida que las relaciones se profundizan y las conversaciones ocurren, puede haber temas reservados para amigos cercanos o cónyuges. Compartir con cualquier persona que incluso pueda proporcionar una percepción de desconfianza entre los cónyuges, posiblemente incluso causando indicios de celos, distanciará los matrimonios y las relaciones dentro de grupos pequeños. Como hombres, debemos proteger a nuestras esposas sin dejar ninguna duda de que amamos a nuestro cónyuge más que a nadie en la tierra.

   Además, esto mantiene la unidad sagrada del matrimonio, incluso para una persona que aún no está casada. Permite a la persona mantener la pureza de corazón para que no haya arrepentimiento al recordar los momentos en que los secretos más profundos se compartieron con alguien que no fuera el cónyuge, especialmente con alguien con quien no debería tener vínculos tan fuertes como el del amor al cónyuge. Mantenerse alejados de los géneros opuestos es una regla tan importante que, dentro de los círculos pastorales, los pastores mayores a menudo enseñan a los pastores más jóvenes a nunca subirse a un coche con alguien del género opuesto, por lo general por su propio bien, y para protegerse de la tentación y los rumores.

   Los grupos pequeños que no mantienen los géneros separados pueden ser capaces de adorar y orar juntos, pero la profundidad de la relación probablemente será limitada. Si se cruza una determinada línea en un grupo pequeño formado por ambos géneros, puede haber conflictos relacionales y/o remordimientos que podrían conducir a un mayor distanciamiento entre sí.

- *Un lugar para venir a observar.* Un grupo pequeño tiene éxito cuando se da en un ambiente abierto y acogedor para que los Cristianos y los aun no Cristianos asistan simplemente a observar. Esto es lo que sucedió cuando la mujer samaritana conoció a Jesús y comenzó a contar a todos acerca de su experiencia. Tenían que venir a verlo y experimentarlo por sí mismos. Cuando lo hicieron, llegaron a creer de verdad (Juan 4:42). Lo mismo ocurrió con Nathaniel cuando Phillip lo invitó a venir a ver (Juan 1:45–46).

Contenido posible para reuniones de grupos pequeños

Recuerdo haber llevado estudios bíblicos hace muchos años. Trabajé duro para preparar los materiales de estudio, y el material que había preparado se extendió más de la hora asignada para la reunión. Pedí a los miembros que se quedaran "sólo otros treinta minutos." Algunas personas se inquietaron, mientras que otras tuvieron que irse para cumplir con sus siguientes citas. Luego tuvimos que tomar la decisión de continuar el estudio en nuestra próxima reunión o comenzar el siguiente tema acordado para hacer avanzar las cosas. Parecía estar dedicándole más tiempo y energía a los aspectos administrativos y logísticos que al mensaje en sí. Los miembros probablemente no recordaron gran parte del mensaje, ya que probablemente estaban pensando que la reunión estaba tardando mucho. Este parece ser el caso cuando el estudio tiene prioridad sobre las relaciones o el intercambio de vidas.

El contenido no es el foco principal en las reuniones de los grupos pequeños, pero es un recurso útil para permitir el mayor enfoque, que es el intercambio de vidas. Más importantes que lo que una sola persona haya preparado son las preguntas y temas de preocupación de los miembros, incluyendo lo que ha estado sucediendo en sus vidas, tales como asuntos de familia, trabajo e interacciones con los demás. Como resultado, el contenido siempre se considera un respaldo, aunque es importante que los miembros estén de acuerdo en qué contenido, tema y material quieren usar.

Por ejemplo, en ciertos grupos pequeños, he utilizado nuestros devocionales *Our Daily Bread (Nuestro Pan de Cada Día)*. Proporcioné una impresión de la devoción del día a cada miembro, y comenzaríamos con el devocional sólo si quedaba tiempo después de las formalidades iniciales y el intercambio.

En otro grupo pequeño formado por empresarios Cristianos, se utilizó material de La Christian Business Men's Connection (CBMC), llamado "Monday Manna (El Maná de los Lunes)." En otros grupos, seleccionamos un capítulo o pasaje específico de la Biblia.

Este es un ejemplo de cómo se ve una reunión de grupos pequeños: La reunión de grupos pequeños comienza con personas que hablan cómodamente hasta que se forma un quórum. Entonces una persona ora por la comida, y continuamos nuestras conversaciones mientras comemos juntos. Naturalmente, el tema sigue enfocándose en nosotros y lo que esté en nuestras mentes. Si hay alguna información administrativa que necesite ser compartida, también se comparte. Si alguien necesita atención especial, oración o diálogo sobre un tema determinado, el grupo se mantiene enfocado en eso; sin embargo, si las conversaciones se han detenido, el grupo pasa al contenido de respaldo.

El contenido de respaldo debe ser estimulante y relevante para los miembros. Puede incluir temas sobre la paternidad, el liderazgo, el trabajo o cualquier otra cosa que lleve al grupo a hablar en profundidad de sus experiencias en la vida. El grupo leería el material juntos, tal vez turnándose para leer un párrafo a la vez, y luego discutirían cualquier pregunta enumerada en el recurso, o podrían compartir lo que obtuvieron del mensaje que han leído. Algunas otras ideas serían ver juntos un sermón, tal vez uno que se conecte con las similitudes de los miembros; analizar los acontecimientos actuales y relacionarlos con la mentalidad o las acciones apropiadas a la luz de las Escrituras; o incluso tener una lectura estricta de las Escrituras con o sin diálogo entre las secciones de la Escritura.

Por lo general, el contenido debe requerir poca o ninguna preparación, porque si se requiere preparación, pondría una carga sobre la persona que lo dirige. Incluso podría conducir a un sermón, que no pertenece a una reunión de grupos pequeños. Más bien, debe ser algo en lo que los Miembros pueden trabajar durante su tiempo juntos para explorar y compartir juntos a medida que se les guía.

Los miembros pueden reservar los últimos veinte minutos de la reunión para las solicitudes de oración y para dedicar tiempo a orar el uno por el otro. Esto es opcional, al igual que otros componentes de la reunión, y el momento especial de la oración grupal ciertamente se puede celebrar en otras ocasiones, a medida que los miembros sientan la necesidad de ello.

Como ejemplo, un grupo pequeño de hombres de negocios en Nueva York decidió tener una reunión de oración separada de la reunión general durante la pandemia de Coronavirus, específicamente para orar por cada uno de los hermanos, junto con otros temas que Dios podría traer a su atención. Los miembros del grupo pequeño deben decidir juntos los componentes de sus reuniones en función de cómo Dios los guíe.

Lo anterior es sólo un ejemplo de una reunión básica. Otras reuniones pueden implicar salir a jugar al golf o tener una reunión más grande, invitando a todos los miembros de la familia a la casa de alguien. Compartir la vida es clave para las reuniones, y como resultado, todos los aspectos de la vida de una persona, incluyendo la familia, el trabajo y otros intereses, deben verse afectados como resultado de que Dios transforme vidas a través del discipulado.

> *Compartir la vida es clave para las reuniones, y como resultado, todos los aspectos de la vida de una persona, incluyendo la familia, el trabajo y otros intereses, deben verse afectados como resultado de que Dios transforme vidas a través del discipulado.*

La importancia de comer juntos (¡Un ministerio de alimentación!)

Se debe hacer una mención especial acerca de este importante aspecto del discipulado. Algunas personas hacen bromas sobre aquellos que tienen un ministerio de alimentación, pero no es asunto de broma, ya que realmente es un aspecto clave del ministerio.

Comer juntos es uno de los aspectos clave para compartir vidas juntos. Es triste ver que algunas iglesias, especialmente las más establecidas y grandes, no dejan tiempo para esto, ya que es una actividad que permite una mayor comunión donde se comparte el amor. En esas iglesias, los miembros simplemente se sientan para escuchar el servicio y luego se van. Los miembros no se conocen. Sin compañerismo, me temo que las iglesias se están

> *Comer juntos debe ser parte de los servicios de la iglesia, así como un requisito para todos los grupos pequeños.*

convirtiendo en una religión más para las personas que buscan cumplir con los requisitos necesarios.

La comunión es clave para unirse en comunidad. Hechos 2:42 dice específicamente que los miembros partieron el pan juntos. Hechos 2:46 repite esto, así como otros pasajes como Hechos 20:7. Jesús también comió con los pecadores (Mateo 11:19). Cuando Jesús alimentó a los cinco mil y a los cuatro mil, dio a entender que proporcionó un ambiente para la comunión y que comer juntos era importante (Mateo 14:13–21; Mateo 15:32–38). Comer juntos debe ser parte de los servicios de la iglesia, así como un requisito para todos los grupos pequeños. Tenga en cuenta que esta es una deficiencia en las reuniones en línea.

¿Por qué es tan importante comer juntos? Comer juntos reconoce que, si somos negros, asiáticos o hispanos, todos necesitamos comida y otras provisiones de Dios. Nos pone en el mismo nivel, indicándonos que una persona no es mejor que nadie, independientemente de la clase u otras divisiones sociales. Es decir que todos somos iguales a los ojos de Dios: todos somos Sus hijos.

Considere a David invitando a Mephibosheth a su mesa (2 Samuel 9:10). A pesar de que David era el rey, dio la bienvenida a alguien que no era de su clase para que participara en comunión con él. Este mismo David, a medida que crecía en una relación más profunda con Dios, reconoció que Dios lo había preparado e invitado a cenar con Él, a pesar de que era sólo un humano (Salmos 23:5). Esto también enseña a los Cristianos que han sido llamados a un estatus superior o tienen más recursos a proveer y acoger a aquellos que pueden ser bendecidos de otras maneras (Mateo 25:35–40).

Al compartir la vida juntos, Jesús probablemente compartió muchas comidas junto con Sus discípulos. Una de las comidas más reconocidas que compartieron fue llamada la última cena (Mateo 26:20–30). Se llama "última" porque hubo muchas otras ocasiones en las que comieron juntos. Como discípulos de Jesús, nosotros también debemos practicar el comer juntos y permitir que la conversación fluya libremente sin tener en cuenta la raza, el estatus, el género u otras divisiones sociales. Y no olviden orar juntos antes de comer. Este pequeño acto reúne a los miembros y también enfoca el agradecimiento en Dios al comienzo de la reunión.

¿Cómo encaja el evangelismo del poder en el discipulado de grupos pequeños?

La discusión sobre el discipulado, que incluye el evangelismo y el compartir la vida, no puede concluirse sin hablar de la sanidad, los milagros y la resurrección de los muertos. La razón es simple: Jesús vivió Su vida en la tierra como un ejemplo a seguir para nosotros (1 Corintios 11:1; Efesios 5:1–2; 1 Juan 2:6), y Su vida incluyó tanto el discipulado *de* grupos pequeños como las curaciones, las liberaciones y los milagros.

Jesús y Sus discípulos realizaron sanidades, liberaciones y milagros por dos razones: (1) para mostrar el amor de Dios por el pueblo, y (2) y para demostrar Su poder. Como resultado de estos milagros, la gente llegó a conocer a Dios. John Wimber[165] llama al evangelismo realizado al demostrar los milagros de Dios "evangelismo de poder." Demostrar el amor de Dios y Su poder a través de curaciones y milagros es ciertamente algo que todos los Cristianos deben reconocer y deben ser capaces de poner en práctica; sin embargo, esto en sí mismo, no es evangelismo.

Recuerden que *evangelismo* es una palabra que se utiliza libremente para señalar a la Gran Comisión, que en realidad es un llamado a hacer discípulos.[166] Las señales y maravillas pueden

> *Las señales y maravillas pueden iniciar a una persona que experimente a Dios y que sienta Su amor, pero que por sí mismo no formará a un discípulo.*

iniciar a una persona que experimente a Dios y que sienta Su amor, pero que por sí mismo no formará a un discípulo. Los discípulos son seguidores de Jesús que están comprometidos con el *crecimiento continuo de la vida a través del tiempo con los demás*. Una persona que experimenta un milagro pero que no se conecta con otros creyentes con el compromiso de compartir sus vidas y crecer con ellos a través del tiempo sólo puede acercarse temporalmente a Dios. Esto es lo que representan las semillas que cayeron en suelo rocoso (Mateo 13:20–21).

Es por eso por lo que Juan nos dice que la gente no creía en Jesús, a pesar de los milagros que vieron (Juan 12:37–41). La gente siguió a Jesús buscando y deseando milagros, pero incluso con todos esos milagros, su fe en Dios no creció. Esto es similar a tener una petición de oración terrible. "Si tan solo él se convirtiera en mi esposo (o esposa)," "Si pudiera tener un hijo", o "Si pudiera tener cinco mil dólares", cuando se conceden esas solicitudes de oración, la persona puede recibirla con gran gozo e incluso hacer compromisos imprudentes, pero su fe puede divagar pronto. (Véase Eclesiastés 5:1–7 para obtener enseñanzas sobre la adoración en vano, incluso para asumir compromisos imprudentes que no duran). Abraham, David y todos los héroes espirituales del pasado debieron pasar por un viaje de fe durante un período de tiempo para crecer. *El evangelismo de poder* por sí mismo no produce el discípulo que se instruye en la Gran Comisión.

Además, hubo ejemplos claros compartidos a través de la vida de Jesús. En Juan 6, las personas seguían a Jesús, buscando aún más milagros (Juan 6:2, 24, 30), porque ya habían

> *Cuando Jesús les enseñó Su verdad y les pidió que tuvieran fe en Dios, muchas personas, incluso las que habían visto milagros y curaciones, dejaron a Jesús. Sin embargo, las personas que permanecieron fueron aquellas con las que Jesús tuvo relaciones de discipulado de vida en vida.*

visto muchas curaciones (Juan 6:2) y otros milagros, como ser alimentados en gran número con poca cantidad disponible (Juan 6:14, 26). Cuando Jesús les enseñó Su verdad y les pidió que tuvieran fe en Dios, muchas personas, incluso las que habían visto milagros y curaciones, dejaron a Jesús (Juan 6:66). Sin embargo, las personas que permanecieron eran aquellas con las que Jesús tenía relaciones de discipulado de vida en vida (Juan 6:68–69).

Está claro que, a lo largo de la vida de Jesús y de los apóstoles, las sanidades y los milagros, incluso la resurrección de los muertos, fueron indispensablemente importantes para demostrar a Dios y su amor. El amor es la fuente de ese poder, y ese amor es quien Dios es (1 Juan 4:7–21).

Así como la multitud buscó, para su propio uso y orgullo, el poder que Jesús demostró (Juan 6:28), algunos pueden tratar de imitar este poder y pretender hacer estas cosas en el nombre de Jesús (Mateo 24).

> *¿Están buscando una relación, o simplemente están buscando una demostración de poder para su propio beneficio? Es necesario el amor practicado en grupos pequeños para hacer verdaderos discípulos.*

Muchas de esas personas creerán que son cristianas a causa de estos milagros, pero Jesús los reprende (Mateo 7:21–23). Tal vez la forma adecuada de identificar la validez y fuente de este poder es ver si estas personas vienen con el *amor de Jesucristo*. ¿Están buscando una relación, o simplemente están buscando una demostración de poder para su propio beneficio? Es necesario el amor practicado en grupos pequeños para hacer verdaderos discípulos.

Incluso cuando Jesús demostró el poder de Dios, practicó *amor a Dios y a Sus discípulos*. Por ejemplo, en Mateo 26, Jesús comió con Sus discípulos, y luego pasó a orar con algunos de ellos. Esto podría darse cuando Jesús invitaba a los demás a orar por El con respecto a Su petición de oración (Mateo 26:39). En otras secciones de los Evangelios, vemos que Jesús pasa tiempo con Dios. Por ejemplo, vemos en Lucas 5:15–16, que cuando las multitudes vinieron a Jesús para ser sanadas, Él se retiró para pasar tiempo con Dios. Jesús también pasó tiempo con Sus discípulos (por ejemplo, Lucas 8:1).

> *Aun cuando Jesús demostró el poder de Dios, practicó el amor con Dios y Sus discípulos.*

Además, como se menciona en el capítulo 5, es la oración, la relación con Dios y estar junto con otros creyentes en grupos pequeños lo que resultó en un gran poder. El amor debe tener prioridad. Los Cristianos deben desear y participar en grupos pequeños de creyentes de mente afines y esperar, juntos, grandes cosas de Dios. *El reino de Dios no solo son palabras; es vivir por el poder de Dios* (1 Corintios 4:20).

La duración adecuada de las reuniones para grupos pequeños

La duración adecuada de las reuniones semanales debe ser determinada por el grupo. En mi experiencia, se establecieron algunas reuniones exitosas de una hora durante los almuerzos, ya que el coordinador tuvo cuidado de respetar el horario mantener al equipo en el camino correcto. Algunas otras reuniones, más exitosas, comenzaron en un momento específico, como las 7:00 p.m., y la hora de finalización se dejó abierta. Las reuniones a veces terminaban a las 9:00 p.m., mientras que en otras ocasiones se extendían hasta las 11:00 p.m. Dependiendo del tema en cuestión y de cómo fluía la reunión, los hermanos seguían adelante, mientras que algunos otros que tenían limitaciones de tiempo podían irse. A menudo, cuando las reuniones se limitaban a unas dos horas, los miembros pensaban que se necesitaba más tiempo.

En la mente de los miembros, es muy importante *un horario sin límites*. Al vivir en un mundo impulsado por los negocios, los Cristianos pueden considerar que una reunión de grupos pequeños es como una reunión de negocios, y ahí es donde el aspecto de la relación se quedará corto. Las reuniones de negocios a menudo tienen metas, y el propósito de la reunión es lograr ese objetivo de manera más eficiente. Por ejemplo, puede ser una reunión de temas donde el objetivo es cubrir todos los temas de la manera más eficaz posible.

> *Viviendo en un mundo impulsado por los negocios, los Cristianos pueden considerar que una reunión de grupos pequeños es como una reunión de negocios, y ahí es donde el aspecto de la relación se quedará corto.... La eficiencia no es el objetivo, sino acogerse mutuamente a la vida de los demás y compartir sus vidas juntos.*

Una reunión de grupos pequeños se centra en el discipulado, o las relaciones y el crecimiento a través de estas relaciones. La eficiencia no es el objetivo, sino acogerse mutuamente a la vida de los demás y compartir sus vidas juntos. Como resultado, los miembros deben comprometerse a no tener límites de tiempo cuando estén juntos, y eso debe dictar la duración normal de la reunión.

Grupos pequeños especiales—Familia

Los padres están llamados a guiar y discipular a sus familias hacia Cristo. En ausencia de un padre, la segunda al mando, la madre, debe continuar con este papel. La familia es un grupo pequeño fundamental, ordenado por Dios. Como resultado, el mismo discipulado es necesario entre los miembros de la familia. Incluso cuando los niños son mayores, es probable que sus familias conserven la misma relación profunda que tienen con Dios.

¿A cuántos grupos pequeños debo unirme?

Uno.

Permítanme elaborar. Un grupo pequeño forma una hermandad. Cuando las personas pertenecen a varios grupos pequeños, se dividen e incluso pueden comenzar a comparar a los grupos entre sí. (Tal vez es similar a las personas que sienten que pertenecen a múltiples iglesias, cuando en realidad realmente no pertenecen a ninguna).

Los Cristianos deben dedicarse únicamente a un grupo pequeño y deben trabajar junto con los miembros de ese grupo pequeño. Por ejemplo, si alguien siente un impulso en su corazón de tomar medidas debido a una tragedia reciente que le ocurrió a los afroamericanos en los Estados Unidos, esa persona debe compartir eso con el grupo e intentar planear acciones juntos, o al menos los miembros del grupo deben aceptar orar por esa persona mientras opera solo o con otros grupos.

Sin embargo, hay algunas excepciones. Dependiendo del llamamiento de su vida, podría haber dos tipos diferentes de personas a las que Dios le ha llamado. Es aceptable participar en otro grupo pequeño siempre y cuando sea capaz de compartir vidas con ambos grupos y dar la bienvenida a los miembros de ambos grupos a su vida. También podría estar en dos grupos pequeños si su iglesia tiene un grupo pequeño, pero cree que un grupo pequeño más especializado está más estrechamente alineado con su llamamiento y le resultaría beneficioso.

Tres grupos pequeños serían demasiados, y es posible que desee cuestionar sus propios motivos si desea unirse a tantos.

Hay otro grupo pequeño que no he incluido en mis sugerencias anteriores: grupos pequeños de familia. Si usted es un padre o una madre soltera, este es un grupo que debe crear

> *Si usted es un padre o una madre soltera, este es un grupo que debe crear mientras sus hijos son pequeños. Intente los devocionales diarios, con el objetivo de construir relaciones. . .. Representen la profundidad y la unidad de Cristo y de la Iglesia a través de sus familias, como Dios lo ordenó.*

mientras sus hijos son pequeños. Intente los devocionales diarios, con el objetivo principal de construir relaciones. Conviértase en una familia unida, ya que muchas familias en este mundo necesitan ser reparadas. Representen la profundidad y la unidad de Cristo y de la Iglesia a través de sus familias, como Dios lo ordenó.

Asuntos Administrativos: ¿Cuándo debo iniciar un nuevo grupo pequeño? ¿Cuándo debemos disolver nuestro grupo pequeño? ¿Cómo nos dividimos?

Los grupos pequeños deben comenzar cuando tres o más miembros se han unido en compromiso y por el bien del discipulado. Los grupos pequeños pueden disolverse si los miembros pierden su compromiso e interés.

Cuando un grupo pequeño sea atendido por únicamente dos personas, puede tener sentido simplemente unirse a otro grupo pequeño que esté cerca y tenga intereses similares. Cuando el grupo esté formado por tres personas que siguen comprometidas, eso es suficiente para mantener el grupo en marcha. Las tres personas pueden incluso considerar invitar a otros al grupo.

Hay un punto especial de disolución cuando hay, constantemente, demasiados miembros en los grupos pequeños. El término sería "dividir." Cuando hay diez o más miembros consistentemente en el grupo pequeño, los miembros deben comenzar a pensar en dividir al grupo para fomentar un mayor compromiso y compartir la vida.

Los detalles de la división deben ser discutidos por los miembros del grupo pequeño, y deben apoyar el *grupo de disolución*. Las variaciones que los diferentes miembros deben ser consideradas, junto con las mejores formas de dividir el grupo.

Por ejemplo, un grupo podría haber comenzado con tres personas que vivían cerca e invitaban a amigos de lejos. Ahora hay diez personas en total, pero cuatro de ellas vienen de más lejos. Si estas cuatro han crecido lo suficiente en discipulado y están dispuestos a reunirse por su cuenta, pueden formar otro grupo más cercano a donde viven, separándose de los seis miembros que permanecerían.

Otro método para disolver se basaría en variaciones de intereses. En un ejemplo anterior, mencioné un grupo pequeño donde había un músico profesional en un grupo de abogados. Si algunos otros músicos se han unido al grupo, o si algunos de los abogados también están involucrados o tienen interés en los ministerios de música, las personas que tienen interés en los ministerios de música pueden formar otro grupo, permitiendo a los abogados Cristianos el continuar construyendo sus relaciones mientras que también acogen a otros similares a ellos.

Independientemente de la justificación de cómo se produce la división, el grupo emisor siempre debe apoyar a aquellos que han formado el nuevo grupo. De vez en cuando deberían consultar con el nuevo grupo, y también deben dar la bienvenida al nuevo grupo para reunirse con ellos, tal vez una vez al mes, para que puedan permanecer en relación. Lo mismo ocurre con el grupo recién formado en relación con el apoyo al grupo primario que han dejado.

Lo que no es un grupo pequeño

Debido a muchas percepciones erróneas de cómo Jesús y Sus discípulos practicaron un grupo pequeño de discipulado, esta sección explica lo que un grupo pequeño no es. También puede utilizar esta lista para medir si su iglesia practica o no los grupos pequeños como Jesús enseñó. Un grupo pequeño NO es:

- *Una masa o un grupo que se extiende a más de doce personas.* El grupo es intencionalmente pequeño para que se puedan compartir vidas. Tener demasiadas personas impide que todos se involucren. El discipulado no es un evento pasivo donde simplemente se siguen las instrucciones de los demás. Debe impactar y tocar cada parte de la vida, especialmente a medida que las relaciones se profundizan. Además, el número de personas debe ser limitado para que cuando los no Cristianos sean invitados, se les de la capacidad de participar y hacer preguntas.

- *Un servicio de adoración.* Ciertamente hay un tiempo para la adoración, y el grupo pequeño también puede pasar tiempo en la adoración, pero el propósito del grupo pequeño es compartir la vida. Algunos aspectos clave de un servicio de adoración que los miembros de grupos pequeños deben tener en cuenta son la predicación de sermones y un largo tiempo de alabanza. Un momento de elogio siempre es bienvenido, pero pasar demasiado tiempo en esto puede llevar a dedicarle menos tiempo a compartir la vida

- *Un lugar para sermones dados por unos cuantos educados,* donde una o dos personas en posición (pastores) dan mensajes unilaterales. En un grupo pequeño, todos los miembros deben participar. Está bien si el grupo requiere una presentación de un hermano o hermana, e incluso podría ser agradable y atractiva cuando todos los miembros participen en la preparación de su propio mensaje o estudio bíblico. Los miembros pueden intentar esto si tienen un conocimiento moderado a bueno de las Escrituras. Podría ser útil si el grupo pequeño está conectado con un pastor o dos que pueden ayudar a proporcionar respuestas cuando los miembros no pueden resolver una preocupación teológica.

- *Un espectáculo personal.* Se debe trabajar juntos para que las reuniones no sean dominadas por una o dos personas. Es aceptable que una persona maneje funciones logísticas y administrativas, como el envío de recordatorios por correo electrónico y la coordinación de la siguiente ubicación de la reunión, pero los miembros deben ser capaces de decidir juntos.

- *Establecido como una extensión del trabajo administrativo de la iglesia.* Algunas iglesias dividen a los miembros en grupos pequeños con la intención de compartir los deberes administrativos de la iglesia. Por ejemplo, un grupo de hombres podría lavar los platos después de la comunión. Aunque ciertamente es posible que los pequeños grupos dentro de una iglesia asesten tareas administrativas, debe quedar claro a los miembros de grupos pequeños que el enfoque del grupo pequeño es el discipulado. De lo contrario, los miembros no se acercarán unos a otros en una comunión profunda, sino que verán el trabajo como la función del grupo. Además, si esta es la única comunión que experimentan dentro de la iglesia, los miembros pueden comenzar a ver su identidad como Cristianos debido a su trabajo y logros de tareas administrativas.

- *Siempre asociado con una iglesia local.* A pesar de que se alienta a los grupos pequeños a ser utilizados en los entornos de la iglesia local, pueden existir fuera de la iglesia local. Por ejemplo, CBMC, YWAM, CRU, IHOP e incluso las tiendas de oración son sodalidades que no operan dentro de la función central de las iglesias locales (modalidades). Los líderes locales de la iglesia deben alentar a los miembros a participar en grupos pequeños fuera de su iglesia, ya que pueden beneficiarse de compartir sus vidas con otras personas como ellos. Por ejemplo, los grupos pequeños en las iglesias locales podrían establecer sus grupos por ubicación o edad. Sin embargo, cuando alguien reconoce su llamado en el mercado o en misiones en todo el mundo, puede beneficiarse de compartir la vida con otras personas que tienen un llamamiento y una meta similares.

Cómo evangelizar

Hacer discípulos. Hacemos esto siendo, primero, discípulos de Jesús nosotros mismos. Fuera del desbordamiento de relaciones profundas construidas a través del discipulado, naturalmente seremos una influencia para los todavía no Cristianos en medio de nosotros.

Recuerde conservar la contextualización en sus grupos pequeños. De la bienvenida a las personas que puedan relacionarse con ustedes y ayúdenlas a sentirse cómodas en medio de creyentes que son similares a ellos.

Colectiva e individualmente, pida a Dios por los miembros potenciales que inviten y estén alerta por ellos. Oren por ellos al invitarlos a las reuniones.

Cada vez que un nuevo miembro se una, presente a todos y haga que la nueva persona se sienta lo más cómoda posible. Tómese su tiempo para conocer a la persona, y permita que el nuevo miembro se tome su tiempo para conocerlo.

Presente el Evangelio a medida que el tiempo y el medio ambiente lo permitan. Ayude a la nueva persona a sentirse como en casa y permítale participar a su nivel de comodidad, animándola a interactuar, compartir y hacer preguntas si lo desean.

A través de diálogos y amistades, acojan a la persona a la fe como Dios lo permite. Al final, serán las vidas e interacciones de los miembros del grupo pequeño las que muestren y atraigan a la gente a Dios.

El papel de los pastores en los grupos pequeños

> *Timoteo, mi querido hijo, sé fuerte por medio de la gracia que Dios te da en Cristo Jesús. ²Me has oído enseñar verdades, que han sido confirmadas por muchos testigos confiables. Ahora enseña estas verdades a otras personas dignas de confianza que estén capacitadas para transmitirlas a otros.*
>
> 2 Timoteo 2:1–2

La función de pastor es llevar a los Cristianos a hacer el ministerio de Cristo. Usted estaría fallando como pastor si su trabajo principal es trabajar con individuos en el manejo de los asuntos de su vida, mientras que los Cristianos a su cuidado son incapaces de ministrar donde Dios los ha colocado.

> *Usted estaría fallando como pastor si su trabajo principal es trabajar con individuos en el manejo de los asuntos de su vida, mientras que los Cristianos a su cuidado son incapaces de ministrar donde Dios los ha colocado.*

Hay una razón muy importante por la que escribo esta sección. Debido a la disminución de la membresía de la iglesia en muchos países del primer mundo, el papel del pastor ha cambiado de manera que no agrada a Dios. Recuerdo haberle preguntado a un pastor: "Si su iglesia dejara de existir hoy, ¿alguien en la comunidad lo sabría o incluso le importaría?" Básicamente. estaba preguntando si creía que su iglesia tenía algún impacto en la comunidad. La respuesta fue algo en la medida de: "Probablemente no, pero Dios nos pide que cuidemos de aquellos a quienes Dios nos ha dado nuestro cuidado. No podemos estar al tanto de los demás en el vecindario." Aunque la respuesta fue un poco desalentadora y tal vez reveló cómo algunos pastores ignoran a sus vecinos, hay algo de verdad en esta declaración. Los pastores *deben cuidar de aquellos a quienes Dios pone bajo su cuidado,* pero como la iglesia local que representa a la Iglesia en su conjunto, sus miembros deben estar equipados para ser la sal y la luz del mundo,

> *La triste verdad es que muchos pastores ven hacia adentro y a menudo están tratando de mantener sus miembros actuales. Su enfoque se centra en los sermones que excitan a la gente, y su interés permanece dentro de las cuatro paredes de su iglesia.*

incluso en su vecindario y dondequiera que estén. La triste verdad es que muchos pastores ven hacia adentro y a menudo están tratando de mantener sus miembros actuales. Su enfoque se centra en los sermones que excitan a la gente, y su interés permanece dentro de las cuatro paredes de su iglesia.

Además, muchos pastores tienden a estar ocupados. Pregúntele a cualquiera que esté a su alrededor por qué creen que esto es así, y dirán que no tienen ni idea. Cuando observamos lo que hacen estos pastores, vemos que podrían estar ocupados en sus aposentos privados tratando de preparar un buen sermón, y a veces están haciendo obras cristianas como ayudar a los miembros necesitados, conducirlos, llevarlos a citas hospitalarias/médicas, y tal vez traducir para ellos cuando el lenguaje es una barrera. Estas son cosas buenas que los Cristianos deben hacer, pero si el pastor hace todo esto y no tiene tiempo para algunos otros que pueden necesitar su ayuda, entonces el pastor y la iglesia han fallado.

Los pastores deben ir más allá de ser simplemente buenos Cristianos por sí mismos y guiar a otros que creen en Jesús. La característica más prominente de un pastor debe ser la disponibilidad. Esto significa que cualquiera que venga al pastor es bienvenido y puede recibir el amor de Cristo de él. Eso es modelar a Jesús; sin embargo, la mayoría de los pastores informan que están demasiado ocupados como para eso.

Los pastores, como líderes de iglesias, deben ser los primeros en modelar la disponibilidad. Esto no se puede hacer si está haciendo todo el trabajo de ayudar a los demás mientras nadie puede aprender de él. Los sermones de un pastor no tendrán ningún

> *Los sermones de un pastor no tendrán ningún impacto a menos que la gente vea al pastor modelar a Cristo en medio de ellos.*

impacto a menos que la gente vea al pastor modelar a Cristo en medio de ellos. Sería mejor para un pastor pasar menos tiempo preparando sermones y en su lugar pasar ese tiempo con otros miembros de la iglesia, realmente llegando a conocerlos para que pueda hablar palabras de vida de maneras que puedan impactarlos.

En mi estudio de 2018–2019 sobre si los grupos pequeños son capaces de acoger a los no creyentes, se formaron dos pequeños grupos: uno era un grupo de hombres de negocios que amaban a Jesús y eran laicos en sus iglesias locales; el otro era un grupo de líderes de la iglesia estudiados en seminario, incluyendo algunos que habían sido ordenados como pastores. ¿El resultado? El grupo de liderazgo de la iglesia no pudo invitar a ningún todavía-no Cristiano a sus reuniones, y se disolvió bastante rápido. Los empresarios Cristianos recibieron a seis todavía-no Cristianos, tres de los cuales se mantuvieron en contacto y participaron en las reuniones, incluso después de que el estudio se completó.

¿Por qué los pastores a menudo están tan ocupados? Creo que puede ser porque ellos también han sucumbido a las

> *Ser pastor nunca fue un trabajo. Es una vocación.*

tendencias y puntos de vista del mundo. Ven su papel como un trabajo en el que deben mantenerse ocupados durante sus horas de trabajo, porque si no lo están, podrían necesitar otro trabajo. Así que trabajan duro en todo lo que saben hacer, incluso ayudando a los miembros de la iglesia; algunos pastores incluso trabajan duro para apaciguar a los miembros con el fin de mantenerlos en la iglesia (véase Gálatas 1:10). Ser pastor nunca fue un trabajo. Es un llamado.

Si los pastores tratan de cumplir su función únicamente como un trabajo en lugar de un llamado, donde su papel, tal como se define por la tendencia del mundo, es ayudar a los necesitados e ir a "evangelizar", entonces los miembros también se centrarán en sus funciones como ingenieros, médicos o cualesquiera que sean sus profesiones, siguiendo los caminos de su líder espiritual, que resulta ser ciego (Mateo 15:14). Ni los pastores ni los miembros que miran a los pastores estarían haciendo la obra de Dios; no estarían viviendo de manera diferente que el resto del mundo. No es por eso por lo que Jesús murió y nos dejó con un gran llamado.

El papel del pastor es permitir que otros Cristianos ministren. Si usted es pastor, permita que los hombres y mujeres de su iglesia ministren eficazmente entre sus familias y en sus lugares de trabajo. Enséñeles a ser modelos en la forma en que viven para que los demás vean a Cristo a través de ellos. Enséñeles a establecer relaciones con las personas que conozcan. Permita que cumplan con su llamamiento mientras usted persigue el suyo. Oren por ellos individualmente a medida que lleguen a conocer profundamente a cada persona. No puede orar por nadie profundamente sin tener una relación con ellos. Enseñe a su congregación a mantener relaciones profundas entre sí, mientras que usted hace lo mismo con unos pocos selectos, como lo hizo Jesús (Lucas 6:12–16).

Por último, olvide lo que tal vez podría haber pensado que era su función, y en su lugar enseñe a sus miembros a hacer las cosas

> *Su congregación puede ministrarlos mejor que ustedes, porque ya tienen una relación con ellos.*

que se le enseñó. Esto incluye preparar sermones y dirigir estudios bíblicos, compartir su testimonio, administrar la Cena del Señor, bendecir a los demás y orar por ellos. Permita que su congregación practique entre sí para que puedan salir al mundo y dar la bienvenida a los no Cristianos. Su congregación puede ministrarlos mejor que ustedes porque ya tienen una relación con ellos.

Para los Cristianos que están bajo el cuidado de un pastor, recuerden que es su papel como Cristiano ser discípulo de Jesús. Su función es llevar a las personas a Cristo y ayudar a otras personas que lo necesitan mientras ustedes mismos continúan creciendo como discípulos de Jesús. Apoye a sus líderes espirituales cuidando sus necesidades y siguiendo su guía (Hebreos 13:17). Sea impactante en su comunidad, tanto donde está su iglesia como dondequiera que vaya, incluyendo su hogar y trabajo. Puede hacer esto siendo diferente del resto del mundo; es decir, esté disponible, como Jesús siempre lo está para usted. Su amor, desarrollado por medio del discipulado, es lo que verán los aún no Cristianos, y así es como llegarán a conocer a Jesús (Juan 13:34–35).

El objetivo de cada reunión

Un grupo pequeño debe tener una meta: unir nuestras vidas y actividades a Jesús. Esto ocurre a través de compartir la vida y reconocer las alegrías y las dificultades

> *A medida que los miembros llegan a conocerse, pueden orar más profundamente y de manera más significativa el uno por el otro.*

que cada miembro experimenta. A medida que los miembros llegan a conocerse, pueden orar más profundamente y de manera más significativa el uno por el otro. Además, a medida que el Señor habla a cada persona, pueden compartir eso con los otros hermanos o hermanas para alentarlos a seguir adelante.

Lo mismo es cierto con respecto a las actividades de la vida. Muchas personas fuera de la Iglesia pueden perseguir metas profesionales u otros caminos que podrían enseñarse en las escuelas.

> *Los Cristianos tienen una vocación diferente, que a menudo es mucho mayor de lo que podemos imaginar. Es por eso por lo que debemos depender de Dios y confiar en El para cumplir Su gran llamamiento para nuestra vida.*

Los Cristianos tienen un llamado diferente, que a menudo es mucho mayor de lo que podemos imaginar (Efesios 3:20). Es por eso por lo que debemos depender de Dios y confiar en El para cumplir Su gran llamamiento para nuestra vida.

Nuestros llamamientos pueden ser tan únicos que cuando se discuten con personas que no conocen a Dios, pueden ser minimizados o ridiculizados. Por esa razón,

> *Pueden orar el uno por el otro y animarse unos a otros a seguir adelante. Efectivamente pueden llevar sus actividades a Jesús y pedirle a Dios que haga algo de ellos.*

muchos Cristianos han dejado de perseguir el llamamiento que Dios ha puesto en sus vidas. Aquí es donde entran los Cristianos de actividades similares. Pueden orar el uno por el otro y animarse unos a otros a seguir adelante. Pueden llevar efectivamente sus búsquedas (esas cosas que Dios ha puesto en sus corazones y les ha dado la capacidad y el deseo de hacer por Él y por los demás) a Jesús juntos y pedirle a Dios que haga algo de ellos.

No se puede cumplir ningún llamado poderoso de Dios sin la su provisión sobrenatural. Podemos mantenernos fuertes, estar unidos y seguir adelante, a pesar de lo que el mundo pueda decir. Los grupos pequeños de personas que se unen en oración por el reino de Dios pueden lograr grandes cosas para Él (como se ve en el capítulo 5 de este libro).

Reflexiones para Grupos Pequeños

1. ¿Cuáles son algunos de los cambios, si los hay, que haría en sus reuniones de grupos pequeños? ¿Cómo justificaría esos cambios?

2. ¿Cuáles son algunas de las acciones que puede necesitar incorporar para recibir solicitudes de oración de otras personas que sean profundas, personales e importantes (en comparación con las solicitudes superficiales e impersonales)?

Conclusión

El propósito de mi instrucción es que todos los creyentes sean llenos del amor que brota de un corazón puro, de una conciencia limpia y de una fe sincera; pero algunos no lo entendieron. Se desviaron de estas cosas y pasan el tiempo en debates sin sentido.

1 Timoteo 1:5-6

Muchos de los llamados Cristianos no cumplen su llamamiento porque entran en un ciclo religioso de observación de rituales y sienten que ya han cumplido el llamamiento de Dios para ellos. La verdad es que Dios a menudo tiene un llamado que cambia el mundo de cada creyente, el llamamiento de influir en muchos para el Señor (Mateo 5:16; Juan 13:15; 1 Timoteo 4:12; 1 Pedro 2:12, 21), y esto no sólo podría limitarse a ser los mejores en nuestras carreras y dirigir bien nuestros negocios.

Cumplir el llamamiento tiene que ver con el corazón, el cual es para el Señor, y, por lo tanto, para los demás. Tiene que ver con nuestra dependencia de Dios y nuestra confianza en el Señor para que Él haga caminos para nosotros. No hay mucho que podamos hacer por nuestra propia fuerza, pero por el poder del Espíritu Santo, no hay nada que no podamos hacer.

Entonces, ¿cómo podemos crecer en nuestro corazón para el Señor, especialmente como nos dirige Efesios 4? Tenemos que ser discípulos de Jesús. Tenemos que ser honestos con nosotros mismos, tenemos que ver cómo está nuestra relación con Dios y los demás, y necesitamos darnos cuenta de hacia dónde nos está guiando Dios.

En el discipulado, compartiremos vidas juntos. Estaremos abiertos a otros que examinarán el estado de nuestra alma y espíritu. Otros que tengan el Espíritu de Dios también pueden darnos guía y dirección. Dios nos guiará juntos e individualmente a través de nuestros pequeños grupos.

Los grupos pequeños son la manera en la que Jesús desarrolló a Sus discípulos, que a su vez hicieron más discípulos. Un grupo pequeño es una manera de que las relaciones se profundicen, lo que, a su vez, se traduce en relaciones más profundas con Dios. Se ha demostrado que los pequeños grupos son una manera eficaz para que los Cristianos acojan a los no creyentes en medio de ellos. Ciertamente puede haber momentos para la adoración congregacional, los estudios bíblicos y el logro de misiones organizativas, pero los grupos pequeños que se centran en compartir la vida en vida harán que los Cristianos se conviertan en discípulos de Jesús que sean capaces de hacer otros discípulos.

Es a través de pequeños grupos que el discipulado puede ser restaurado en la Iglesia. El discipulado implica compartir vidas con el tiempo, y eso lleva a los Cristianos a cumplir su llamamiento más alto, que es el amor, o Dios mismo.

Así que, hermanos y hermanas, nuestro regreso al Señor es un regreso del uno al otro. El amor que tenemos el uno por el otro le demostrará al mundo que somos discípulos de Jesús. Es a través de ese amor que muchos vendrán a encontrar y experimentar a Dios.

Aunque cada uno de nosotros puede tener diferentes llamamientos que cumplir, nuestro llamamiento más alto y unificado es amar. Sin amor, incluso nuestros mayores logros para el reino de Dios pueden pasar desapercibidos (1 Corintios 13:1–3). El amor es la búsqueda más difícil, y muchos se conformarán con menos. Sin embargo, no retrocedamos, sino que sigamos adelante hacia el estándar de Cristo. Amémonos los unos a los otros y cumplamos la llamada del Gran Mandamiento, que conduce a la Gran Comisión. Que hagamos discípulos de Jesús mientras vamos, bautizamos y enseñamos, a medida que crecemos en el discipulado nosotros mismos.

Hoy en día, muchas naciones conocen a Cristo gracias a los grupos pequeños que se han reunido para buscar a Dios, juntos. Buscaron a Dios en la oración y actuaron juntos, como Dios los guio.

Hay más por venir, y el llamamiento descansa en ustedes, hermanos y hermanas de Cristo, ustedes que crecen personal y colectivamente a través del discipulado en grupos pequeños.

Queridos amigos, sigamos amándonos unos a otros, porque el amor viene de Dios. Todo el que ama es un hijo de Dios y conoce a Dios; pero el que no ama no conoce a Dios, porque Dios es amor.

1 Juan 4:7–8

Él hace que todo el cuerpo encaje perfectamente. Y cada parte, al cumplir con su función específica, ayuda a que las demás se desarrollen, y entonces todo el cuerpo crece y está sano y lleno de amor.

Efesios 4:16

Pues Dios no nos ha dado un espíritu de temor y timidez sino de poder, amor y autodisciplina.

2Timoteo 1:7

Notas Finales

Capítulo 1. La Gran Comisión

1. William Mounce, "Εὐαγγελίζω," consultado marzo 23, 2020, https://www.billmounce.com/greek-dictionary/euangelizo.

2. Vladimir Ubeivolc, *Rethinking Missio Dei among Evangelical Churches in an Eastern European Orthodox Context* (Carlisle, Cumbria, UK: Langham Monographs, 2016), 7.

3. Gerhard Kittel, Gerhard Friedrich, and Geoffrey W. Bromiley, eds., *Theological Dictionary of the New Testament: Abridged in One Volume* (Grand Rapids: Eerdmans, 1985), 632–635.

4. J. D. Douglas and Merrill C. Tenney, *Zondervan's Pictorial Bible Dictionary* (Grand Rapids: Zondervan Academic, 1999), 273.

5. "40. Hagios," Bible Hub, consultado mayo 15, 2019, http://biblehub.com/greek/40.htm.

6. "1484. Ἔθνη (Ethnē)," Bible Hub, consultado mayo 15, 2019, http://biblehub.com/greek/ethne__1484.htm.

7. William Mounce, "Great Commission and Participles," consultado septiembre 21, 2019, https://billmounce.com/monday-with-mounce/great-commission-and-participles.

8. William Mounce, "Lecture on the Orientation, consultado septiembre 22, 2019, https://www.billmounce.com/biblestudygreek/orientation/lecture.

9. "4198. Πορεύομαι (Poreuomai)," Bible Hub, consultado mayo15, 2019, http://biblehub.com/greek/4198.htm.

10. "1321. Διδάσκω (Didaskó)," Bible Hub, consultado mayo 15, 2019, http://biblehub.com/greek/1321.htm.

11. Nabeel Qureshi, *Seeking Allah, Finding Jesus: A Devout Muslim Encounters Christianity, (Buscando a Allah, Encontrando a Jesús: Un musulmán devoto se encuentra con el cristianismo*) (Grand Rapids: Zondervan, 2016).

12. "907. Βαπτίζω (Baptizó)," Bible Hub, consultado mayo 15, 2019, http://biblehub.com/greek/907.htm.

13. "What Is Baptism? (¿Qué es el Bautismo?" Hillsong, consultado mayo 15, 2019, https://hillsong.com/faith/baptism/.

14. William Mounce, "Τηρέω," consultado mayo 15, 2019, https://www.billmounce.com/greek-dictionary/tereo.

15. "3326. Μετά (Meta)," Bible Hub, consultado mayo 15, 2019, http://biblehub.com/greek/3326.htm.

16. "Bystander Effect," Wikipedia, consultado enero 30, 2019, https://en.wikipedia.org/wiki/Bystander_effect.

Capítulo 2. Las Buenas Nuevas Explicadas

17. Samuel S. Goebel (Presented at the Morning Reflections (Presentado en Reflecciones de la Mañana), Charlotte, Carolina del Norte, Julio 24, 2019).

18. Para más detalles sobre el proceso que implica cómo una persona es salvada, véase: Sang Kwan Lee, *The Gospel that Jesus Taught: The Gospel of the Kingdom* (Seúl Corea, 2010).

19. Un ejemplo de la oración del pecador de "Cuatro Leyes Espirituales" de CRU (anteriormente conocida como Campus Crusade for Christ): "Señor Jesús, te necesito. Gracias por morir en la cruz por mis pecados. Abro la puerta de mi vida y te recibo como mi Salvador y Señor. Gracias por perdonar mis pecados y darme la vida eterna. Toma el control del trono de mi vida. Hazme el tipo de persona que quieres que sea."

20. John Wesley, *Journal of John Wesley*, Christian Classics Ethereal Library, consultado septiembre 21, 2017, https://www.ccel.org/ccel/wesley/journal.vi.ii.xvi.html.

21. "Strangely Warmed," *Good News*, " consultado 13, 2017, https://goodnewsmag.org/2017/07/strangely-warmed/.

22. "Why Do People Brag About Being Busy?)" *Huffington Post*, Octubre 28, 2016, http://www.huffingtonpost.com/quora/why-do-people-brag-about_b_12692178.html.

23. "The End Of Solitude: In an Hyperconnected World, Are we losing the art of Being Alone?" NewStatesman, http://www.newstatesman.com/2017/04/end-solitude-hyperconnected-world-are-we-losing-art-being-alone.

24. Sam Hwang (Presentado en la Conferencia de Embajadores 2017, Iglesia Central Presbiteriana, Little Neck, NY, May 28, 2017), https://www.ambassadorsconference.org/.

25. Esta pregunta es similar a la del joven rico que le preguntó a Jesús qué cosa "buena" debía hacer para ganarse la vida eterna en Mateo 19:16. Jesús lo dirigió a Dios, que es el único capaz de proporcionar la vida eterna, pues no se logra algunas buenas obras iniciadas por un individuo. Jesús le estaba diciendo al joven rico que debía guardar el Primer y Segundo Mandamiento, que son amar a Dios con todo su corazón, mente y alma (Mateo 22:37–38) y amar a los demás como a sí mismo (Mateo 22:39),

pero lo malinterpretó creyendo que significaba que sería considerado perfecto al "hacer" esas cosas. Es por eso por lo que Jesús le dijo a este joven rico que se deshiciera de lo que lo alejaba de Dios y de los demás, que eran sus riquezas. La relación era lo que importaba. La relación con los demás demuestra la creciente relación del creyente con Dios, que es cómo se le da a una persona una fe perfeccionada, o la vida eterna.

26. "What Is the Gospel?" Prayer Tents, consultado Septiembre 22, 2017, https://www.prayertents.com/gospel101.

Capítulo 3. Cómo Jesús y Sus discípulos hicieron otros discípulos

27. Desconocido.

28. Véase Mateo 9:9–13. Esto muestra cómo Mateo fue llamado a ser discípulo de Jesús. Cuando los fariseos preguntaron por qué Jesús se asoció con pecadores como los recaudadores de impuestos, Jesús respondió que estaba detrás de *aquellos que saben que son pecadores*. En otras palabras, reconocen que hay algún vacío en ellos y reconocen la necesidad de Dios.

29. Esta es la razón por la que se formó Prayer Tents. Las tiendas de oración proporcionan una manera para que los Cristianos estén disponibles en esos momentos en que las personas encuentran un interés en Dios para que el discipulado pueda comenzar. Obtenga más información en https://www.prayertents.com/aboutus.

30. Hechos 2:42: *Todos los creyentes se dedicaron a la enseñanza de los apóstoles.*

Capítulo 4. Historia del Evangelio, Evangelismo y Misiones

31. Hechos 6:1 habla sobre posibles problemas que surgirán cuando existan grupos pequeños únicos. Tenga en cuenta que la Iglesia no quitó estos grupos pequeños debido a ellos, sino que puso a los administradores sobre ellos, específicamente a las personas que están llenas del Espíritu Santo.

32. Julianne Cox, Lectura, "Efesios 2," octubre 5, 2017.

33. James B. Twitchell, *Shopping for God: How Christianity Went from in Your Heart to in Your Face* (New York: Simon & Schuster, 2007), 20. Twitchell se refiere a esta cita porque es "muy exacta." Esta cita se atribuye tradicionalmente a Richard Halverson, ex capellán del Senado de los Estados Unidos; sin embargo, en el pasado se han citado dichos similares.

34. "First Council of Nicaea," *Catholic Encyclopedia* Nuevo Adviento, consultado en diciembre 6, 2017), http://www.newadvent.org/cathen/11044a.htm.

35. Cyrille Vogel, *Le Pécheur et la pénitence dans l'Église ancienne* (Paris: Cerf, 1982), 14–15. Esto también coincide con la descripción proporcionada en Hechos, especialmente en Hechos 2:42–47.

36. Jack Zavada, Asceticism," Learn Religions, consultado en julio 3, 2020, https://www.learnreligions.com/what-is-asceticism-700046.

37. Vogel, *Le Pécheur*, 36.

38. Charles-Louis Richard y Jean Joseph Giraud, *Bibliothèque sacrée* (Paris: Méquignon Fils Ainé, 1822), http://archive.org/details/bibliothquesac01rich.

39. Oliver Davies y Thomas O'Loughlin, eds., *Celtic Spirituality*, (New York: Paulist Press, 2000), 49–50.

40. Robert L. Fastiggi, *The Sacrament of Reconciliation: An Anthropological and Scriptural Understanding* (Chicago: Hillenbrand Books, 2017), 102.

41. Kate Dooley, "From Penance to Confession: The Celtic Contribution," *Bijdragen* 43, no. 4 (Enero 1, 1982): 390–411, https://doi.org/10.1080/00062278.1982.10554351.

42. Enrico dal Covolo, "The Historical Origin of Indulgences," Catholic Culture, http://www.catholicculture.org/culture/library/view.cfm?recnum=1054 http://www.catholicculture.org/culture/library/view.cfm?recnum=1054.

43. "Purgatory: The Purifying Fire," Catholic News Agency, consultada diciembre 12, 2017, https://www.catholicnewsagency.com/resources/apologetics/purgatory/purgatory-the-purifying-fire.

44. "Confession," CatholiCity, Consultada diciembre 12, 2017, https://www.catholicity.com/baltimore-catechism/lesson31.html.

45. Aron Moss, "Do Jews Believe in Hell?" Chabad.org, Aron Moss, Chabad.org, consultada diciembre 12, 2017, http://www.chabad.org/library/article_cdo/aid/1594422/jewish/Do-Jews-Believe-in-Hell.htm.

46. "Catechism of the Catholic Church," The Holy See, consultada diciembre 12, 2017, http://www.vatican.va/archive/ENG0015/__P4G.HTM.

47. "The Reformation," *Catholic Encyclopedia*, New Advent, consultada el 12 de diciembre de 2017, http://www.newadvent.org/cathen/12700b.htm.

48. "Library: The Historical Origin of Indulgences," CatholicCulture.org, CatholicCulture.org, consultada el 5 de julio de 2020, https://www.catholicculture.org/culture/library/view.cfm?recnum=1054.

49. Randy Petersen, "Selling Forgiveness: How Money Sparked the Protestant Reformation," Christianity Today, consultada **diciembre** 12, 2017, http://www.christianitytoday.com/history/issues/issue-14/selling-forgiveness-how-money-sparked-protestant.html.

50. "Library," CatholicCulture.org.

51. "Indulgence Explained," Everything.Explained.Today, **consultado en julio** 5, 2020, http://everything.explained.today/Indulgence/.

52. Alexis Soyer, *The Pantropheon: Or a History of Food and Its Preparation in Ancient Times* (New York: Paddington Press, 1977), 172.

53. "Reformation ," *Encyclopedia Britannica*, consultado diciembre 13, 2017, https://www.britannica.com/event/Reformation.

54. Justin Holcomb, "The Five Solas—Points from the Past That Should Matter to You)," Christianity.com, consultado diciembre 13, 2017, https://www.christianity.com/church/church-history/the-five-solas-of-the-protestant-reformation.html.

55. **Tenga en cuenta que la palabra *católica* significa "universal", lo que significa que están unificadas y tienen una enseñanza.**

56. "The Crusades: Indulgences and Penance, Erenow, consultado diciembre 19, 2017, https://erenow.com/postclassical/crusades/477.html.

57. "Martin Luther and the 95 Theses" History.com, consultado diciembre 7, 2017, http://www.history.com/topics/martin-luther-and-the-95-theses.

58. Henry Zecher, "The Bible Translation That Rocked the World ", Christianity Today, consultado diciembre 7, 2017, http://www.christianitytoday.com/history/issues/issue-34/bible-translation-that-rocked-world.html.

59. "Did the Catholic Church Forbid Bible Reading? CatholicBridge.com, consultado diciembre 7, 2017, http://catholicbridge.com/catholic/did_the_catholic_church_forbid_bible_reading.php.

60. Rusty Roberson, "Enlightened Piety during the Age of Benevolence: The Christian Knowledge Movement in the British Atlantic World," *Church History* 85, no. 2 (June 2016): 246–274.

61. Annette G. Aubert, *The German Roots of Nineteenth-Century American Theology*, (Oxford: Oxford University Press, 2013), 119.

62. Timothy J. Keller, *The Reason for God: Belief in an Age of Skepticism*, (New York: Penguin Press, 2008), 85.

63. Kevin M. Watson, *The Class Meeting: Reclaiming a Forgotten (and Essential) Small Group Experience* (La reunión de clase: una experiencia olvidada (y esencial) de grupos pequeños) (Wilmore, KY: Seedbed Publishing, 2013), 215–220, Kindle.

64. Brandon O'Brien, "Is Ministry a Job or Vocation?", Christianity Today, consultado diciembre 7, 2017, http://www.christianitytoday.com/pastors/2010/july-online-only/is-ministry-job-or-vocation.html.

65. "Assembly Line", BusinessDictionary.com, consultado diciembre 6, 2017, http://www.businessdictionary.com/definition/assembly-line.html.

66. "Church Pastor: Job Description and Career Requirements, Study.com, consultado diciembre 7, 2017, http://study.com/articles/Church_Pastor_Job_Information_and_Requirements_for_Students_Considering_a_Career_as_a_Church_Pastor.html.

67. "Average Pastor Salary," PayScale, consultado diciembre 7, 2017, \https://www.payscale.com/research/US/Job=Pastor/Salary.

68. Carey Nieuwhof, "Is Church Online a Front Door—Or a Back Door—for Your Church?", CareyNieuwhof.Com, consultado diciembre 7, 2017, https://careynieuwhof.com/is-church-online-a-front-door-or-a-back-door-for-your-church/.

69. Watson, *The Class Meeting* ,477–478.

70. Watson, *The Class Meeting*, 822–824.

71. Leslie K. Tarr, "John Wesley," Christianity Today, consultado December 6, 2017, http://www.christianitytoday.com/history/people/denominationalfounders/john-wesley.html.

72. Wesley, Journal.

73. Wesley ya se había llamado a sí mismo un cristiano antes de esto. De hecho, era un "pastor" cuando llegó a la fe en Dios.

74. Watson, *The Class Meeting*, 351–353.

75. Tarr, "John Wesley."

76. Kevin M. Watson, "John Wesley's Thoughts Upon Methodism, consultado diciembre 6, 2017, https://vitalpiety.com/2007/07/16/john-wesleys-thoughts-upon-methodism-part-iv/.

77. Watson, *The Class Meeting*, 277–281.

78. Watson, *The Class Meeting*, 377.

79. Watson, *The Class Meeting*, 410–413.

80. Watson, *The Class Meeting*, 227–241.

81. Watson, *The Class Meeting*, 183–189.

82. Watson, *The Class Meeting*, 413–420.

83. Watson, *The Class Meeting*, 425–435.

84. Watson, *The Class Meeting*, 454–459.

85. Watson, *The Class Meeting*, 741–747.

86. Watson, *The Class Meeting*, 277–281.

87. Watson, *The Class Meeting*, 802–808.

88. Watson, *The Class Meeting*, 831–832.

89. Watson, *The Class Meeting*, 839–840.

90. Watson, *The Class Meeting*, 841–842.

Capítulo 5. Estrategias efectivas para el evangelismo

91. Ralph D. Winter and Steven C. Hawthorne, eds., *Perspectives on the World Christian Movement: A Reader* ,(Pasadena: William Carey Library, 2013), 34.

92. Paul Pierson, *The Dynamics of Christian Mission: History through a Missiological Perspective* (Pasadena: William Carey International University Press, 2009), 180.

93. Pierson, *Dynamics*, 183.

94. Pierson, *Dynamics*, 188.

95. Ralph D. Winter, *The 25 Unbelievable Years 1945–1969* (Pasadena: William Carey Library, 1969), 78.

96. Winter, *Unbelievable Years*, 78.

97. Zinzendorf era de una familia de nobles. Pudo invitar a los moravos porque vivía en una casa grande. Esto demuestra que Dios puede usar a los ricos para Sus propósitos. Operar un negocio para Dios, siendo un fabricante de tiendas de campaña, se cubrirá en secciones posteriores.

98. Pierson, *Dynamics*, 190.

99. Winter, *Unbelievable Years*, 79.

100. Pierson, *Dynamics*, 194.

101. Pierson, *Dynamics*, 195.

1. *Missio Dei* significa "la misión o el envío de Dios." Esto generalmente puede ser reconocido como la Gran Comisión de Jesús, pero en realidad se remonta a Génesis 12, donde Dios envía a Abraham para ser una bendición para todas las naciones (Génesis 12:2–3).

102. Pierson, *Dynamics*, 203.

103. Pierson, *Dynamics*, 203.

104. Ralph D. Winter, "The two structures of God's redemptive mission," *Practical Anthropology* 2, no. 1 (Enero 1, 1974): 126.

105. Pierson, *Dynamic*, (Dinámicas)6.

106. CBMC se ha expandido más allá de su origen en los Estados Unidos. También está CBMC International y otros grupos regionales como el coreano KCBMC. Los grupos internacionales y coreanos dan la bienvenida a las mujeres con fines históricos, por lo que tuvieron que someterse a cambios de siglas que difieren de la CBMC USA original. Esta es la razón por la que cuando uno ve CBMC, uno puede encontrar el acrónimo escrito como "Christian Business & Marketplace Connection" o "Connecting Business and Marketplace to Christ." Sin embargo, estas organizaciones están unidas y dan la bienvenida y apoyan a los miembros de unos y de otros. Todas son organizaciones misionales que desean dar a conocer a Jesús en el mercado.

107. "The World's Largest Churches," Leadership Network, a la que se accedió el 22 de marzo de 2018 http://leadnet.org/world/.

108. " Red de Liderazgo, a la que se ha accedido a marzo 22, 2018, http://leadnet.org/world/.

109. Jin-Woo Lee, *The Influence of Shamanism on Korean Churches and How to Overcome It* (Lynchburg, VA: Liberty Baptist Theological Seminary, (Lynchburg, VA: Seminario Teológico Bautista de la Libertad 2000), 46, https://digitalcommons.liberty.edu/cgi/viewcontent.cgi?article=1181&context=doctoral.

110. George G. Hunter, *The Celtic Way of Evangelism: How Christianity Can Reach the West . . . Again*, , edición del décimo aniversario (Nashville: Abingdon Press, 2010), 13–25.

111. Hunter, *Celtic Way*, 56–75.

112. Hunter, *Celtic Way*, 56–75.

113. Winter, *Perspectives*, 241–252.

114. Winter, *Perspectives*, 241–252.

115. Winter, *Perspectives*, 241–252.

116. Patrick Lai, *Tentmaking: The Life and Work of Business as Missions*, (Downers Grove, IL: IVP Books, 2006), 331–363.

117. Lai, *Tentmaking*, 361.

118. Stephen Bailey, "Is Business as Mission Honest (Spring 2006): 16, https://missionexus.org/is-business-as-mission-honest/.

119. Bailey, "Business as Mission."

120. Bailey, "Business as Mission

121. Stanley J. Grenz and Roger E. Olson, *Who Needs Theology?: An Invitation to the Study of God* (Downers Grove, IL: InterVarsity Press, 1996), 15.

122. Grenz, *Who Needs Theology?*, 69.

123. Grenz, *Who Needs Theology?* 68.

124. Grenz, *Who Needs Theology?* 77.

125. Grenz, *Who Needs Theology?*, 101.

126. Grenz, *Who Needs Theology?*, 95.

127. Grenz, *Who Needs Theology?*, 68–102.

128. Grenz, *Who Needs Theology?*, 108.

129. Grenz, *Who Needs Theology?*, 110–111.

130. Robert J. Schreiter, *Constructing Local Theologies*, 30th anniversary edition (Maryknoll, NY: Orbis Books, 2015), 22–38.

131. Stephen B. Bevans, *Models of Contextual Theology*, (Maryknoll, NY: Orbis Books, 2002), 1–15.

132. Schreiter, *Constructing Local Theologies,* **Construcción de teologías locales** 1–21.

133. Schreiter, *Constructing Local Theologies*, 1–21.

134. Dean Flemming, *Contextualization in the New Testament: Patterns for Theology and Mission* ((Downers Grove, IL: IVP Academic Press, 2009), 25–55.

135. Bevans, *Models of Contextual Theology*, 15.

136. Bevans, *Models of Contextual Theology*, 54.

137. Bevans, *Models of Contextual Theology*, 59.

138. Bevans, *Models of Contextual Theology*, 103–116.

139. Bevans, *Models of Contextual Theology*, 87.

140. Bevans, *Models of Contextual Theology*, 88–102.

141. Bevans, *Models of Contextual Theology*, 37–53.

142. Bevans, *Models of Contextual Theology*, 117–137.

143. Bevans, *Models of Contextual Theology*, 15.

144. Matthew Cook, Rob Haskell, Ruth Julian, y Natee Tanchanpongs, eds., *Local Theology for the Global Church: Principles for an Evangelical Approach to Contextualization* (Pasadena: Librería William Carey , 2010), 125.

145. Ruth A. Tucker, *From Jerusalem to Irian Jaya: A Biographical History of Christian Missions*, (Grand Rapids: Zondervan, 2004), 364–398.

146. Tucker, *From Jerusalem*, 364–398.

147. Florence Huntington Jensen, "William Carey," Wholesome Words, consultado marzo 26, 2018, https://www.wholesomewords.org/missions/bcarey6.html.

148. Paul A. Pomerville, *The Third Force in Missions: A Pentecostal Contribution to Comtemporary Mission Theology*, (Peabody, MA: Hendrickson Publishers, 2016), 79–104.

149. Timothy Tennent, *Invitation to World Missions: A Trinitarian Missiology for the Twenty-First Century* (Grand Rapids: Kregel Academic, 409–431.

150. Pierson, *Dynamics*, 326.

151. Pierson, *Dynamics*, 234.

152. Pierson, *Dynamics*, 320.

Capítulo 6. Nuestro más alto llamado es el amor

153. Mateo 22:37–40

154. Estas son las personas a las que Preyer Tents llaman "interesado." El pueblo "interesado" es temporalmente atraído por Dios para su búsqueda. Para obtener más detalles, consulte la siguiente página web: https://www.prayertents.com/interested.

155. *The Secret*, dirigida por Drew Heriot, 2006.

156. Tenga en cuenta que este es un término ágil en el desarrollo de software utilizado en el mundo corporativo. Lo que vende en el negocio es la capacidad de lograr más en menos tiempo con menos recursos. Las

relaciones no son así. Si el mundo corporativo enseña eficiencia, la Iglesia debe enseñar paciencia, especialmente en lo que se refiere al amor.

157. *Santo* significa ser apartado. Esto se puede ver en varios lugares de la Escritura, como en Éxodo 16:23, donde el día de reposo debe ser un día que se aparta (o se distingue) del resto de los días. Además, קָדֹשׁ (*qodesh*) significa "apartness, carácter sagrado o separación" (véase Strongs#6944).

158. La definición de *ajetreo* también reconoce que saltarse el tiempo con otros puede resultar en producir más ajetreo.

159. El Project Management Institute, una organización profesional global sin fines de lucro para la gestión de proyectos define un proyecto como un esfuerzo temporal, lo que significa que tiene un comienzo y un fin definidos. El amor, al ser paciente, no define un fin.

160. "5541. Χρηστεύομαι (Chrésteuomai), Bible Hub, consultado junio 15, 2020, https://biblehub.com/greek/5541.htm.

161. Dr. Sang Sur a menudo delinea los tres llamamientos del rey, sacerdote y profeta. Tiene la intención de poner sus enseñanzas por escrito en un futuro próximo.

162. Min Chung, "The Flesh and the Spirit," consultado el 15 de junio de 2020, https://cfchome.org/wp-content/uploads/20161002-The-Flesh-and-The-Spirit.pdf..

163. La curación y restauración del tráfico humano y otros pecados abusivos es un tema que es lo suficientemente grande como para llenar muchos libros. Las organizaciones que buscan ayudar a las personas afectadas por estos pecados están buscando personas que sean capaces de amar. Comuníquese con Prayer Tents, y podemos ayudarle a conectarse con dichas organizaciones.

Capítulo 7. Ser un discípulo para hacer discípulos

164. Sang W. Sur, "Address to Graduate Seminary Students, (Ridgefield, NJ, 28 de octubre, 2019).

165. John Wimber and Kevin Springer, *Power Evangelism* (Grand Rapids: Chosen Books, (Ridgefield, NJ, 28 de octubre 2009).

166. *El evangelismo* es en realidad la palabra que significa "predicar o compartir el Evangelio." En Efesios 4:11, aparece como un don que se da a ciertas personas, no a todos los Cristianos. Hay otros dos pasajes (Marcos 16:15 y Mateo 10:7) donde Jesús les dice a Sus discípulos que

proclamen la Buena Nueva (ambos versículos insinúan mostrar señales y maravillas). El evangelismo (o predicar/proclamar/compartir) no *hace discípulos* de las personas, sino que es únicamente un iniciador para potencialmente hacer discípulos.

Visítenos en

ourhighestcalling.com

Comparta sus citas favoritas o haga preguntas. Explore con otros compañeros lectores, el personal de Prayer Tents y el autor.

Apoyemos a la Iglesia en el Desarrollo de grupos pequeños que se enfoquen en las relaciones y les den la bienvenida a otros al discipulado.